Ingeborg Ballhausen

Will mein Kind mich ärgern?

Kleinkinder besser verstehen lernen

SÜDWEST

Inhalt

Inhalt

Vorwort

In einem Interview mit Jugendlichen sagte einer von ihnen resigniert über die Erwachsenen: „Zuerst bringen sie uns das Reden bei, dann reden sie nicht mehr mit uns!"
Wenn man das hört, muß man erst einmal tief Atem holen, so bestürzt ist man über diese Aussage. Einer der Jugendlichen setzte dem noch eins drauf, er meinte: „Nicht einmal zuhören können die Eltern mehr, schon damit fühlen sie sich überfordert."
Gut, es ist nicht überall so schlimm, aber ob wir wirklich in der Hektik und Betriebsamkeit unserer Tage immer gute Zuhörer für die Kinder sind?
Hören wir nicht oft doch nur mit einem Ohr hin?
Und sind auch nicht ganz bei der Sache?
Das kann natürlich ab und zu passieren, aber zur Regel darf das nicht werden, denn es ist ungeheuer wichtig, mit seinem Kind „im Gespräch" zu bleiben.
Schon die Kleinen haben uns wichtige Dinge zu erzählen, auch wenn es sich manchmal wie völlig überflüssiges Gebrabbel anhört.

Auch die Piepser, das Lallen, die ersten Zwei-Wort-Sätze: immer wollen die Kinder uns etwas mitteilen

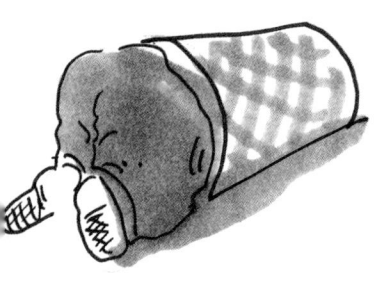

Ein Dreijähriger, der aus dem Kindergarten heimkommt, will nicht über die Dinge berichten, von denen die Mutter hören will. Ob er artig war, was er gespielt hat und ob er auch zum Jan heute lieb war. Und ob das mit der Toilette geklappt hat. Aus ihm aber sprudelt nur das heraus, was für ihn wichtig ist: daß nämlich die Marie so blöde ist und wieder alles kaputtgemacht hat, daß die Erzieherin so ein schönes Kleid anhatte.
Hört man da nicht hin, würgt man diesen Sprudel ab, erfährt man mit der Zeit gar nichts mehr. Dann kommen nur noch stereotype Antworten: „War nichts los", „nix passiert", „halt so".
Auch wer nach der Schule sofort das große Ausfragen beginnt: „War alles richtig, bist du dran gekommen, bist du gelobt worden?", anstatt sich erst einmal anzuhören, was auf dem Heimweg so alles passiert ist, der wird nie ganz richtig über das informiert werden, was in der Schule los war. Kinder setzen andere

Prioritäten, für sie sind andere Dinge wichtig und berichtens-
wert.
Warum interessiert es die Mama nicht, wie der Kampf mit
Peter ausging? Die Schule war wieder einmal nur langweilig.
Zeit muß man sich nehmen für die Kinder, Zeit, um ihnen zu-
zuhören. Wer das schafft, bleibt auch im Gespräch mit ihnen.

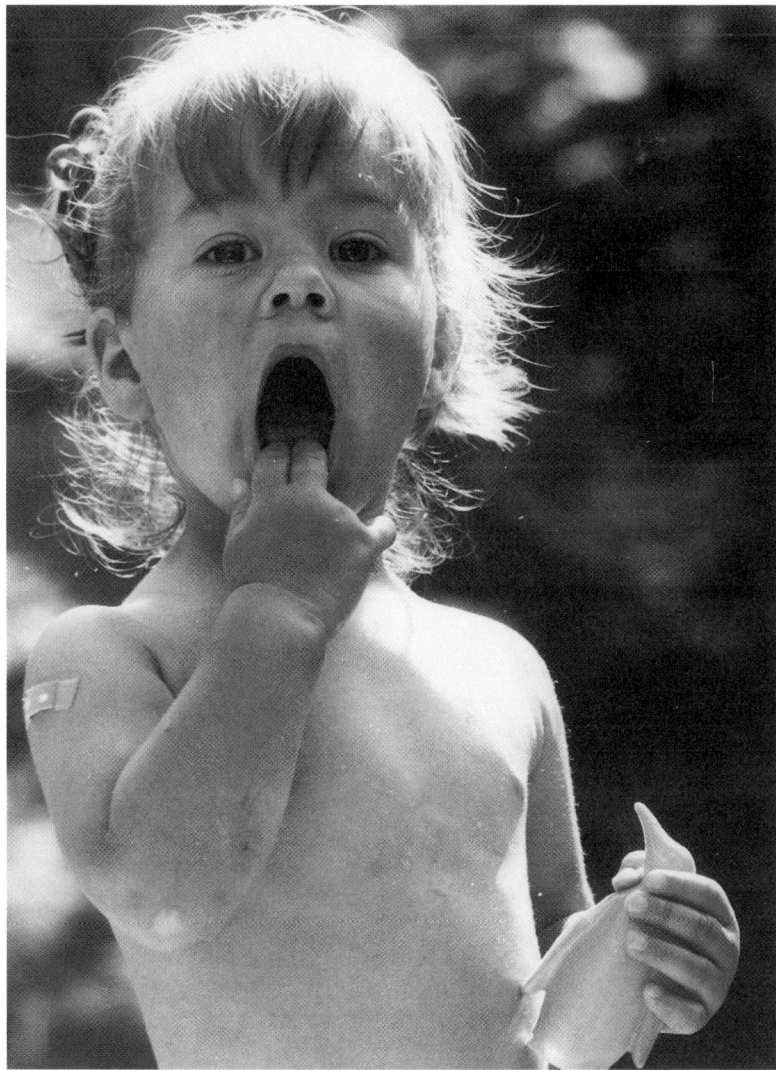

**Jeder Sommer, jeder Tag, jede
Stunde ist neu. Da nimmt das
Staunen kein Ende. Da gibt es
viel zu reden, zu fragen, zu
erzählen.
Und wer hört zu?**

Tag und Nacht Streß: Das hab' ich mir ganz anders vorgestellt

Genervt, verunsichert, auch ein wenig alleingelassen in der neuen Situation: Die meisten Mütter haben sich das Leben mit dem Baby so nicht vorgestellt.

„Junge Mütter haben glücklich zu sein", diese falsche Einstellung, dieser überzogene Anspruch, spukt immer noch in unseren Köpfen herum. So ein niedliches kleines Wesen zu haben, ist doch das Schönste, was es für eine Frau gibt im Leben! Basta! Natürlich findet man auch viele junge glückliche Mütter, aber genauso gibt es auch unglückliche, die mit ihrer neuen Situation nicht zu Rande kommen, genervt, unausgeschlafen, verunsichert hin und hergerissen sind.

Ilse K. hatte sich zusammen mit ihrem Partner riesig auf das Baby gefreut. Sie hatten sich ausgemalt, wie glücklich diese Zeit sein würde. Jetzt mit ihrem acht Monate alten Kind sagt Ilse: „Alle haben mir etwas vorgemacht, haben erzählt, wie schön das sei. Überall sah ich – auf Plakaten, in Zeitschriften – strahlende Mütter, strahlende Babys. Und nun ist alles ganz anders. Ich lächle nicht, ich bin gestreßt vom Tag und noch mehr von den Nächten, mein Baby ist nicht süß, es schreit, quengelt, hält mich Tag und Nacht auf Trab. Warum hab` gerade ich so ein Kind, die anderen sind doch alle so niedlich. Wenn mein Mann dann abends nach Hause kommt, versteht er nichts, gar nichts. Er meint, das alles wäre doch die reinste Freude, so den ganzen Tag mit dem Kind herumspielen, spazierengehen, wie Ferien. Und wenn das nicht alles so klappt, na dann sei das doch wohl meine eigene Schuld, dann müsse man das Baby halt mal etwas anders anfassen, sich nicht auf der Nase herumtanzen lassen. Einfach mal schreien lassen! Und im übrigen möchte er die Abende wieder so, wie es früher war, ruhig und gemütlich vor dem Fernseher."

Nichts funktioniert mehr, das Baby schreit, der Mann ist sauer, die Mutter ist müde, mit den Nerven runter. Weit und breit keine Hilfe in Sicht.

Dabei ist dieser Vater auch einer von den Männern, die bei der Geburt dabei waren. Er hatte das Baby als erster gebadet, es selig in seinen Armen gehalten, er hatte gestrahlt, wollte ein toller Vater werden. Jetzt im alltäglichen Leben heißt es nur noch: „Na, du hast es ja schon mächtig verzogen!" Härter durchgreifen, schreien lassen, das ist alles, was ihm heute noch einfällt. Sehnsucht nach dem Leben, wie es vor dem Kind war, kommt hoch und vermiest die Stimmung. Dabei hat der junge Vater sein Leben fast so, wie es früher war: Er hat seinen Beruf, geht morgens aus dem Haus, kommt abends wieder. So viel hat sich für ihn gar nicht geändert. Er kann auch nachts meistens schlafen, er hat nicht den leichten Ammenschlaf, der junge Mütter jedes zarte Wimmern ihres Kindes hören läßt. Was ist für ihn schon anders als vorher, außer, daß er eine müde Frau im Bett hat! Mißmut und Verzweiflung machen sich bemerkbar. In dieser negativen Stimmung fragen sich viele junge Mütter: Bleibt das jetzt ewig so? Wird mein Kind mich ständig auf Trab halten, wird es ständig schreien, muß ich ständig mit ihm an die Luft, ins Grüne, auch wenn ich gar nicht mag? Werde ich nie mehr ausgeschlafen sein?

Und vor allem: Werde ich nie mehr den guten Kontakt zu all den früheren Freunden und Freundinnen haben?

Man spürt ja auch, wie es die Freunde und die ehemaligen Kollegen nervt, wenn man nur vom Baby erzählt, wenn der Büroklatsch oder der neueste tolle Film uninteressant geworden ist. Wenn man der aufregenden Liebesgeschichte der Freundin nur den ersten durchgebrochenen Zahn des Babys entgegenhalten kann. Aber solche Hochrechnungen sind zum Glück falsch. In der ersten, aufregenden Zeit mit einem Baby meinen fast alle Mütter, das bliebe immer so stressig mit einem Kind. Aber sie vergessen oder machen sich nicht genügend klar, daß die ersten zwei Jahre mit einem Baby die betreuungsintensivsten überhaupt sind.

Keine Angst: Nur die erste Zeit ist so voller Streß.

Am Anfang brauchen Babys die Mutter fast rund um die Uhr

Und auch wenn sie dann mobil werden, anfangen, die Umwelt zu entdecken und zu erforschen, brauchen sie die Mutter. Zur Hilfestellung, als Schutzengel und als die, die ihnen zeigt, wo's langgeht, wo es besonders interessant und wo es gefährlich ist in ihrer kleinen Welt. Aber wenn die kleinen Kinder allmählich gelernt haben, mit ihrer Umwelt zurechtzukommen, in ihr zu leben, wenn sie die unendlich vielen Dinge, die dazugehören, einigermaßen kennen, wenn sie das Hauptpensum hinter sich ha-

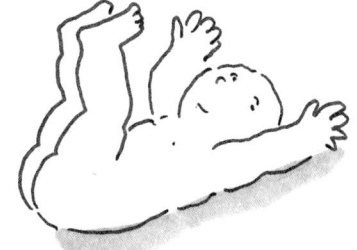

ben, dann können Mütter auch wieder durchatmen. Sie haben viel investiert in ihr Kind und können endlich wieder mehr an sich denken.

Selbstverständlich sind nicht alle jungen Mütter gleich. Es gibt die ganz glücklichen, die sich nie mehr in ihren Beruf zurücksehnen, die zufrieden mit ihrem neuen Leben sind, und es gibt die von ihrem Mutterdasein enttäuschten, unzufriedenen jungen Frauen. Dazwischen liegt das große Feld derer, bei denen Unzufriedenheit und Glück einander die Waage halten. Solange alles einigermaßen läuft, fühlen sie sich wohl. In belastenden Zeiten schlagen die Gefühle aber auch schon mal um. Das ist alles verständlich, und keine Mutter sollte sich wegen ihrer gelegentlich hochkommenden negativen Gefühle ein schlechtes Gewissen einreden lassen oder sich damit rumquälen. Es gibt Mütter, die geben offen zu, daß auch die Gefühle ihrem Baby gegenüber harten Schwankungen unterworfen sind: „Ich liebe mein Kind über alles – aber manchmal könnte ich es an die Wand werfen." Solche Empfindungen sind normal, es hat keinen Sinn, sich deshalb schlecht und schuldig vorzukommen.

Wir müssen uns immer wieder bewußt machen, daß kein Kind wie das andere ist und auch keine Mutter wie die andere. Jede muß ihre individuelle Beziehung und Bindung zu ihrem Kind bekommen, beide müssen ihr ganz persönliches Verhältnis zueinander aufbauen. Und das ist immer einzigartig, zumindest

Und wenn sie dann ihr Hauptpensum gelernt haben, können die Müter endlich wieder aufatmen.

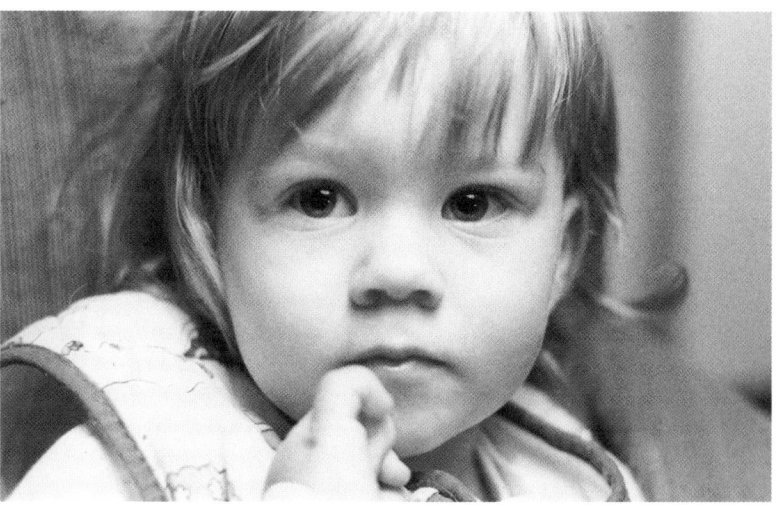

ein klein wenig anders als alle anderen Mutter-Kind-Beziehungen.

Aber gerade beim Aufbau dieses besonderen Verhältnisses haben es Mütter oft nicht leicht. Einmal, weil sie sich ständig mit ihrem Vorsatz, immer eine gute Mutter zu sein, selber unter Druck setzen – wer kann das schon! Zum anderen, weil die Umwelt den jungen Müttern das Leben wirklich schwer macht.

Niemand, keine andere Gruppe, wird so beäugt, so beobachtet, so kritisiert wie Mütter im Umgang mit ihren Kindern

Niemand wird so oft ungefragt mit gutgemeinten Ratschlägen bombardiert, und zwar von wildfremden Menschen, im Supermarkt, im Bus, in der Trambahn, im Park. Überall lauern sie, die Neunmalklugen. Die Nachbarn im Lift geben Erziehungstips, weil das Baby ja nachts immer noch weint, was bei ihren eigenen Kindern natürlich nie der Fall war. Auf der Straße werden Mütter angestachelt, ihrem Kind doch mal ordentlich was auf den Hintern zu geben, weil es so bockt, und wenn es sich beim Einkaufen im Drahtkorbwagen verständlicherweise langweilt und meckert, dann heißt es rundherum: „Ach was hat es denn?" – „Was fehlt ihm denn?" Kleine Kinder müssen niedlich und ganz artig sein, das ist das einzige Recht, das sie haben. Neulich erlebte ich in einem Café zwei junge Mütter mit ihren kleinen Kindern. Allen sah man die Freude über diesen gemeinsamen Ausflug an. Aber als aller Kuchen gegessen, alle Limo getrunken war, hatten die Kleinen genug vom Sitzen. Während ihre Mütter die Siebensachen zusammenpackten und zahlten, gingen die Kinder von Tisch zu Tisch. Schauten rum, faßten auch mal was an, beinahe wäre sogar ein unbenutzter Stuhl umgefallen, aber nur beinahe! Da hätten Sie die anderen Gäste hören sollen: Da könne man sehen, wo das hinführe, mit dieser antiautoritären Erziehung! Und die wüßten ja nicht mehr, die jungen Mütter heute, daß es ohne ein paar hintendrauf nun mal nicht gehe!

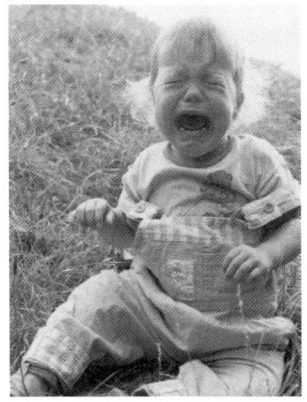

Alle andern wissen, was dem Kind fehlt oder gut tut- nur mal wieder die Mutter nicht!

Immer wieder müssen junge Mütter solche und ähnliche Szenen erleben, und verständlicher-, aber auch bedauerlicherweise lassen sich viel zu viele davon beeinflussen, zweifeln an sich und ihrer Erziehung. Wie stark muß da eine Mutter sein, um sich auch bei der nächsten Gelegenheit wieder zu so einem Ausflug in die Welt zu wagen!

Ist denn immer nur die Mutter zuständig?

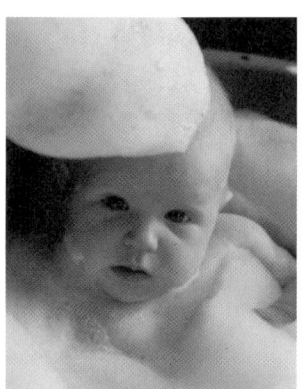

Badevergnügen – eine Angelegenheit, die sogar den Vätern Spaß macht.

Abends in einem Lokal. Fünf junge Frauen sitzen zum Essen zusammen, die sechste kommt etwas später angehastet: „Ich dachte schon, mein Mann kommt zu spät, es würde nicht klappen heute!" und läßt sich außer Atem, aber zufrieden, auf die Bank fallen.

Ist das ein Klassentreffen, ein Büroteam, das feiert, ein Kegelclub? Nichts von dem, es sind sechs junge Mütter, die heute abend frei haben.

Ihre Männer hüten zu Hause die Babys. Die Männer hatten sich gesagt: Wir reden tagsüber bei der Arbeit und in den Pausen mit so vielen Menschen, unsere Frauen dagegen nur mit dem Baby und gerade noch beim Einkaufen, das ist einfach zuwenig, um sich wohlzufühlen. Und sie hatten Konsequenzen daraus gezogen: Einmal pro Woche haben die Frauen abends „frei".

Für einige wenige Paare ist so etwas heute schon machbar, aber die meisten Mütter können davon nur träumen. Ihr Mann kommt abends müde nach Hause, will seine Ruhe haben. Das Ehe- und Liebesleben köchelt auf Sparflamme. Was läuft da eigentlich oft so schief, wenn aus einem Paar Eltern werden? Vorher konnten die Partner sich in ihren Gefühlen ganz aufeinander konzentrieren, sie brauchten sich nur aufeinander einzustellen, aber jetzt ist da auch noch so ein kleines Wesen, das ganz viel Zuwendung braucht und den größten Teil des Tages und der Nacht seine Mutter in Beschlag nimmt. Da gibt es dann viele Männer, die eifersüchtig sind, weil sie nicht mehr die alleinigen Gefühlsempfänger sind. Da gibt es plötzlich jemanden, der einen großen Teil für sich beansprucht und sogar noch Vorrang hat. Oft kommt bei den jungen Vätern auch Eifersucht auf die Innigkeit von Mutter und Kind hoch. Vor allem beim Stillen fühlen sie sich ausgeschlossen aus dem Zweier-Zirkel.

Außerdem ändert sich auch noch das tägliche Leben total, das Beisammensein und die Freizeit mit dem Partner. Man kann seinen individuellen Bedürfnissen nicht mehr so nachgehen wie früher. Allerdings wollen viele junge Väter dann trotzdem keinen Abstrich machen, fahren weiterhin jedes Wochenende zum Surfen, zum Skifahren, zum Wandern und lassen die Partnerin eben allein zu Hause mit dem Kind.

Das Leben ändert sich, und viele Paare schlittern in die neue Situation hinein, ohne sich allzuviel Gedanken gemacht zu haben. Sie praktizieren die konventionelle Rollenteilung.

Die Mutter für Haushalt und Kind, der Vater für den Job

Und da passiert manchmal etwas sehr Seltsames: Männer, die in der Zweierbeziehung, als beide noch berufstätig waren, ganz selbstverständlich halbe/halbe bei der Erledigung der Hausarbeiten praktiziert haben, ziehen sich jetzt, wo die junge Mutter Babyurlaub hat, von allem zurück. Und das sehr konsequent. Eine junge Mutter klagt heftig: „Ich bin mit meinen Nerven am Ende, unser Kind schreit nachts viel, und mein Mann will seine Ruhe haben, er braucht ja den Schlaf, er muß für seinen Job ausgeschlafen sein. „Kannst du es denn nicht beruhigen!" wirft er mir vor, und so gehe ich nachts mit dem Kind auf dem Arm durch die Wohnung, um es zu beruhigen. Nur damit er seinen Schlaf hat. Aber ich müßte ja auch mal wieder ausschlafen, nur einmal eine Nacht wieder schlafen! Ich werde immer nervöser."

Nichts gegen eine Rollenteilung, mit der beide zufrieden sind, aber manche jungen Väter machen es sich immer noch etwas bequem, meinen allen Ernstes: „So schön möchte ich es auch haben!"

Auch Väter genießen die enge Bindung zum Kind

Es soll hier nicht aussehen, als gäbe es die liebevollen Väter nicht, die sich abends oder an den Wochenenden um ihr Baby kümmern, auch mal umschichtig nachts zur Entlastung der Partnerin, damit sie auch einmal wieder ausschlafen kann. Aber diese Väter haben ja schon längst entdeckt, was das für eine Freude macht, hautnah zu erleben, wie ein Kind heranwächst, sich Schritt für Schritt entwickelt, was das für einen Zugewinn an Lebensfreude, an Fülle bedeutet. Sie sind glücklich über die enge Beziehung zu ihrem Kind.

Solche Väter ziehen mit ihrer Partnerin an einem Strang, sie fühlen sich genauso verantwortlich für ihr Kind. Sie meinen nicht, daß die Mutter allein für die Erziehungsarbeit zuständig ist. Bei ihnen sind Sätze wie „Kannst du denn das Kind nicht besser erziehen!" – „Läßt du dir denn nur auf der Nase herumtanzen? Greif doch endlich mal härter durch!" allmählich out. Leider sitzt jedoch die Ansicht, ein kleines Kind könne nur eine einzige Bezugsperson verkraften, und die sei nun mal die Mutter, noch immer in vielen Köpfen fest. Dabei hat sich in vielen Untersuchungen herausgestellt, daß die Kinder bereits von Anfang an auch zwei Bezugspersonen vertragen. Sie sind damit keineswegs überfordert, wie man eine Weile glaubte. Im Gegenteil, es tut ihnen gut, zu erleben, daß es unterschiedliche Arten von netten, liebevollen Menschen gibt.

Aber nicht nur das: es steht auch fest, daß Väter, die sich von Anfang an um ihr Baby kümmern, ein viel besseres Verhältnis, eine innigere Bindung zu ihrem Kind bekommen. Sie verstehen ihr Kind einfach besser, weil sie seine Entwicklung bewußt miterleben und nicht nur aus den Erzählungen und Berichten der Mutter kennen.

Auch wenn der Vater noch üben muß, die Mutter sollte nicht stören.

Wenn der Vater einspringt, ist die Mutter durchaus entbehrlich

Es wäre aber falsch, hier nur den Männern den Schwarzen Peter zuzuschieben, immer nur von ihnen eine Änderung ihres Verhaltens zu fordern. Man muß auch zugeben, daß es viele Mütter gibt, die gar nicht zulassen, daß der junge Vater sich um sein Kind kümmert, auch wenn er es immer wieder versucht. Das geschieht meist aus dem einfachen Grund, daß sie ihn aus ihrer eigenen engen Bindung zu dem Kind ausschließen wollen. Sie verwehren dem Vater oft jede Möglichkeit zu engerem Kontakt, geben vor, nur sie könnten richtig mit dem Baby umgehen, nur sie wüßten und spürten, was es braucht, nur sie könnten es beruhigen. Sie sind ja schließlich die Mutter. Insgeheim genießen sie es aber, wenn das Baby nur auf ihrem Arm aufhört zu weinen.

Hilde ist so eine Mutter. Alle haben ihr geraten, sie solle doch endlich mal nach so vielen Monaten Vater und Tochter allein lassen und sich irgendwo einen Ratsch, einen Schaufensterbummel, einen Kinobesuch gönnen. Gut, sie geht, aber was tut sie? Sie ruft alle Stunde zu Hause an, fragt bange, wie es steht. Der Vater hat eine gestreßte Stimme, das Kind heult zufällig gerade im Hintergrund. Keine Kinovorstellung, kein Schaufenster kann sie von ihrer Sorge um ihr Kind mehr ablenken. Sie rast nach Hause, steht als rettender Engel in der Türe, das heulende Kind ist auf ihrem Arm sofort ruhig. Hilde hat die Bestätigung, daß es ohne sie nicht geht. Der Versuch, Vater und Töchterchen einmal richtig Zeit zum Kennenlernen zu geben, ist gescheitert und wird vorerst auch nicht wiederholt. Hilde ist doch unentbehrlich. Kein Wunder, wenn sich da der junge Vater frustriert fühlt und enttäuscht zurückzieht.

Hätte die besorgte Mutter nicht angerufen, hätte sie die beiden eine Weile allein gelassen, hätte sie ihnen die Möglichkeit gegeben, sich in der neuen Situation aneinander zu gewöhnen, dann hätte sie beim Heimkommen ihre beiden friedlich auf dem Sofa gefunden: Tochter schlafend, Vater strahlend! So hat sie ihnen in ihrem mütterlichen Übereifer leider jede Chance dazu genommen.

Wenn aus einem Paar Eltern geworden sind, sollten sie zusammen am selben Ende des Stranges ziehen. Sie sollten gemeinsam planen, wie sie sich die Hausarbeit, die Zeit, die das Baby braucht, einteilen und aufteilen. Väter sollten sich einen Ruck geben: Man kann auch mal unausgeschlafen zur Arbeit gehen. Und auch die Mütter sollten sich einen Ruck geben: Sie verlieren ihr Baby nicht, nur weil es mal morgens dem Vater hinterherweint, wenn er aus dem Haus geht!

Für das Baby ist es eine Bereicherung, wenn außer der Mutter auch noch der Vater zuständig ist.

Alles dreht sich nur ums Baby

Wie ich in den Wald hineinrufe, so tönt es zurück – ein uraltes, abgedroschenes Sprichwort, aber es trifft auch in der Beziehung zwischen Mutter und Baby den Kern: Wie ich meinem Kind begegne, wie ich es anrede, welche Stimmungen und Gefühle ich ihm signalisiere, so läuft das emotionale Zusammenspiel. Reagiere ich auf das Schreien meines Kindes aufseufzend, ärgerlich: „Was hat es denn jetzt schon wieder! Kann ich denn nicht mal fünf Minuten meine Ruhe haben!" oder gar: „Willst du mich etwa tyrannisieren?", so hat das selbstverständlich seine Wirkung auf das Baby. Es spürt, da ist irgend etwas nicht in Ordnung mit der Mama. Vielleicht denkt es auch: „Ob die mich überhaupt noch mag?" und wird nun dadurch seinerseits unruhig, quengelig. Jedenfalls – der barsche Ton kommt vom Kind zurück, ein ärgerlich, nervös angeredetes Kind hält dagegen. Zumindest reagiert es verunsichert und weinerlich. Noch wahrscheinlicher ist, daß es bei nächster Gelegenheit lauthals losbrüllt.

Reagiert eine Mutter dagegen auf das Weinen ihres Kindes mit einem tröstend liebevollen „Was ist denn? Ich bin ja da!" oder „Ich hab ja gleich Zeit für dich!", dann hat das Kind die Gewißheit, daß da jemand ist, der es wahrnimmt. Es spürt eine große Portion Wärme und Geborgenheit, und die braucht es auch, damit es sich in seiner Haut wohlfühlen kann.

Stimmungen und Gefühle übertragen sich von den Großen auf die Kleinen.

Nun kann jede Mutter mit Recht sagen, daß sie schließlich auch nicht immer gut drauf ist, auch nicht immer alles und jedes bedenken kann. In ihrem täglichen Streß reagiert sie halt mal so und mal so. So verständlich eine solche Einstellung ist, sie kann unter Umständen die Beziehung zwischen der Mutter und ihrem Kind ganz schön belasten. Vor allem unterschiedliche Reaktionen in ähnlichen Situationen können ein Baby verwirren. Es weiß dann nicht mehr, woran es ist.

Daß kleine Kinder, vor allem aber Babys, wie ein Echo auf unsere Stimmungen reagieren, ist für Mütter eine sehr zwiespältige Erfahrung

Wie schön, wenn es ihnen gutgeht, wenn sie ruhig und ausgeglichen mit dem Kind umgehen können, und damit auch bei ihrem Kind Ruhe und Ausgeglichenheit fördern. Aber die meisten Mütter fragen sich zu Recht: „Wie soll das gehen? Wie soll ich das schaffen, immer ruhig zu sein, wenn ich beim Baby bin?" Sie

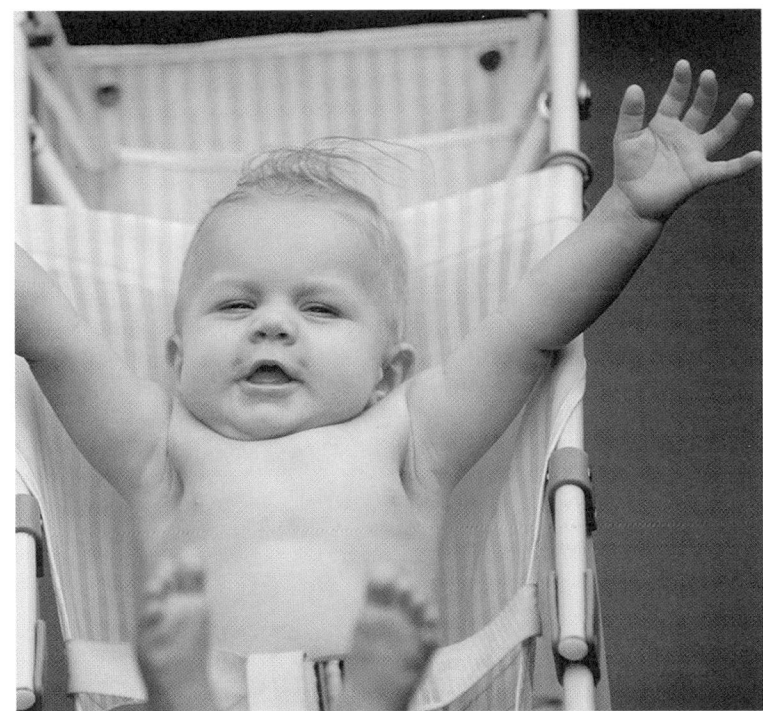

Wenn das Kind nur eine einzige Bezugsperson hat oder anerkennt, sind deren Kräfte bald am Ende.

sind doch ständig übermüdet, weil das Kind wieder die ganze Nacht kaum geschlafen hat, nur still war, wenn man es herumgetragen hat. Wo sollen Mütter da die Zufriedenheit, die Ruhe herzaubern? Woher sollen sie die Kraft nehmen, auch noch Gelassenheit auszustrahlen? Ihr Leben verläuft jetzt ganz anders, alles hat sich verändert, alles dreht sich nur noch um das Kind. All die anderen Dinge, an denen die Mütter früher so viel Spaß und Freude hatten – Freunde, Kino, Musik, Bücher, Sport, Museen, Wandern – all diese Dinge sind nun plötzlich ganz weit fort.

Das Baby läßt keinen Raum und keine Zeit für irgendwelche anderen Gedanken

Darin liegt eine gewisse Gefahr, denn oft entsteht durch diese neue Situation ein ganz intensives, fast symbiotisches Zusammensein, das für Mutter und Kind nicht gut ist. So eine Abkapselung bekommt beiden nicht. Dabei spielt es nun keine Rolle, ob diese Isolation selbstgebastelt ist, weil die junge Mutter sich zu ausschließlich auf ihre Pflichten gestürzt hat, immer total im Einsatz ist und auch mit gewissem Stolz fühlt, daß das Kind völlig auf sie fixiert ist, auf keinen anderen Arm will, noch nicht einmal auf den des Vaters. Oder ob die Isolation von der Kinderfeindlichkeit der Umwelt herrührt, von der ungünstigen Wohnsituation, wo Nachbarn jeden Piepser des Babys mitbekommen, wo rundherum nur berufstätige, kinderlose Familien oder ruhebedürftige Rentner wohnen.

Vor allem fehlt es vielen Müttern an Möglichkeiten rauszukommen, mal etwas anders zu sehen. Das nächste „Grün" ist weit weg, niemand in der Nähe, der zu einem Gespräch bereit ist. Isolation ist für Mutter und Kind die Hölle, aber nicht nur für die beiden, sondern auch für die Partnerschaft, für die ganze Familienatmosphäre.

Deshalb bleibt jungen Müttern meist nichts anderes übrig, als selber aktiv zu werden und Verbindungen zu anderen jungen Müttern zu suchen. Sie müssen über ihre Gedanken und Sorgen reden können. Wer sonst als andere Mütter in der gleichen Lage hat schon wirklich Interesse dafür! Wen sonst kümmern die Pickel am Ärmchen des Babys, der wunde Po, das nächtliche Weinen, das Spucken?

Wenn man seine Sorgen und Ängste mal aussprechen kann, verlieren sie meist schnell ihre Bedrohung

Es gibt nun mal viele Probleme, die junge Mütter drücken, aber zu persönlich oder nicht „groß" genug für den Kinderarzt sind und für die der Partner abends überhaupt kein Verständnis hat. Die ganz großen engen Freundschaften sollte man bei solchen Kontakten nicht anstreben, die ergeben sich zu selten. Interessengemeinschaften sollten das Ziel sein, Gruppen, die sich stützen und helfen, das Leben leichter zu machen.

Daß da nicht alles gleich klappt, einem nicht alles gleich nach der Nase geht, sollte kein Hinderungsgrund sein. Gewiß war es früher einfacher, jemanden zu finden, der mal kurz auf das Baby aufpaßte, ein bißchen mit ihm spielte, es mal spazierenfuhr – die Familien waren größer, die Nachbarschaften enger. Aber enges Zusammenleben bedeutet auch immer, daß man eine Menge Kompromisse machen muß, Rücksicht nehmen auf die anderen, sich ihren Vorstellungen anpassen. Auch früher war nicht immer alles eitel Gold und Sonnenschein.

Lange Rede, kurzer Sinn: Junge Mütter, tut euch zusammen, damit ihr euch gegenseitig helfen und stützen könnt! Sucht euch

Gleichgesinnte, Mütter in derselben Situation! Zieht euch nicht in eure vier Wände zurück! Natürlich trauert man den alten Freunden und Kontakten nach, denkt, sie seien für immer verloren. Aber keine Sorge: Meist kommen sie ohnehin nach ein paar Jahren wieder.

Wir sollten es nie vergessen: Eine Mutter, die sich in ihrer Haut wohlfühlt, immer wieder Möglichkeiten und Gelegenheit findet, aus ihrem Trott rauszukommen und etwas anderes zu sehen, ist eine friedlichere, lustigere, lockerere Mutter! Viel fröhlicher im Umgang mit ihrem Baby als all die anderen, die sich ausschließlich auf ihr Mutterdasein konzentrieren und deshalb schon bald überreizt und unzufrieden sind mit ihrem Leben.

Wer sich Gelegenheit verschafft, immer mal wieder den Kopf aus der Kiste zu recken, der begreift auch schneller, daß der Streß irgendwann wieder zu Ende geht

Eine solche Einstellung tut auch der Partnerschaft gut. Wer kein Licht am Ende des Tunnels sieht, ist nämlich ständig in Gefahr, den Partner für die eigene Unsicherheit, das eigene Unbehagen verantwortlich zu machen, von ihm und nur von ihm allein alle Anregung, alles Glück zu erwarten. So etwas kann natürlich nicht gutgehen.

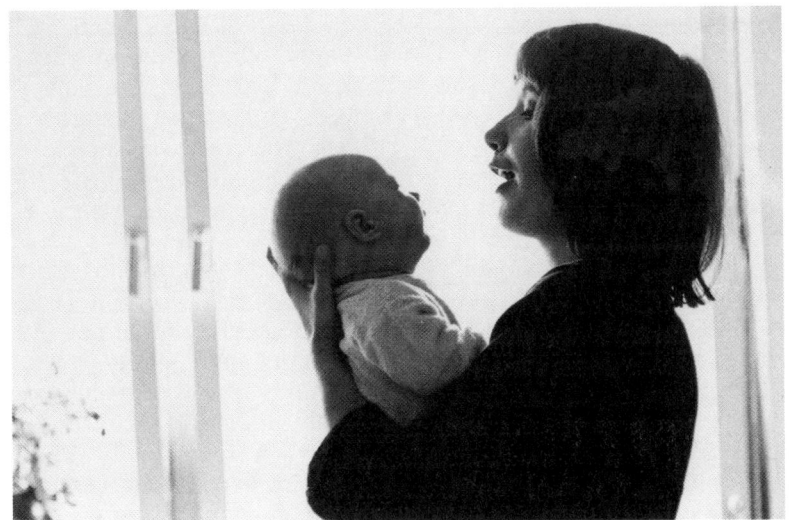

Wer zwischendurch mal verschnauft und anderen den Umgang mit dem Baby gönnt, sieht alles wieder fröhlicher und positiver.

17

Weinen, schreien, quengeln, brüllen: Wer kann sich da noch zurechtfinden?

Es wäre schön, wenn es genaue Anweisungen, Rezepte für den Umgang mit Kindern geben würde. Wenn die vielen Fragen „Wann sollte man..." – „Wie sollte man..." präzis zu beantworten wären. Man wüßte dann als Mutter genau, wie lange man sein Baby schreien lassen darf, wann die erste Sitzung auf dem Topf fällig ist und wie man es schafft, daß die heiße Herdplatte schon vom ersten zaghaften Griff an als Tabuzone anerkannt wird.

Aber schon kleine Kinder sind Individuen, keines ist wie das andere, keines reagiert wie das andere. Es gibt schon von Geburt an die Temperamentvolleren, die eher Stilleren, die Kinder, die relativ leicht zu beeinflussen sind, und die anderen mit dem immer ein wenig störrischen Sinn.

Das sechs Monate alte Mäxchen von Frau K. ist so ein stiller Typ, weint nur, wenn's wirklich brennt, wenn der Hunger stark ist, der Bauch zwickt, wenn die Mama ihm mal wieder aus lauter Fürsorge zuviele warme Jäckchen angezogen hat. Ansonsten spielt er zufrieden lallend mit seinen Fingern, strampelt mit seinen Beinchen und versucht, mit den Augen den schwingenden Mobilefiguren zu folgen.

Kinder sind höchst verschieden. Man sollte erst gar nicht anfangen, sie miteinander zu vergleichen.

Der gleichaltrige Jochen aus der Nachbarschaft schreit viel mehr, er ist viel öfter mal mit sich und seiner Welt unzufrieden. Er braucht viel Kontakt mit seiner Mutter, sein größtes Vergnügen ist, auf Mamas Arm herumgetragen zu werden. Am liebsten möchte er immer dort oben sein. Soll's wieder ins Bettchen gehen, protestiert er lautstark, meist so sehr, daß er im Gesicht ganz rot anläuft.

Aber nicht nur die Kinder, auch die Mütter sind verschieden, haben ihre eigenen Vorstellungen, wie man mit den Kindern umzugehen hat. Die eine quält sich mit ihrem Vorsatz, ihr Kind nie schreien zu lassen. Sie hat es also ständig bei sich auf dem Arm oder auf dem Schoß, aber es beschleicht sie doch immer mehr die Angst, daß sie ihr Kleines damit verwöhnt. Und das Kind wird auch immer schwerer, ihr tut schon der Rücken weh.

Ob das gutgeht?

Eine andere Mutter steht auf dem Standpunkt: ich lasse mich von niemandem tyrannisieren, auch von meinem Kind nicht.

Also läßt sie ihr Kind ganz bewußt viel weinen, springt nicht gleich. Aber dann geht ihr das ständige Weinen ihres Kindes doch auf die Nerven, immer häufiger stauen sich Aggressionen bei ihr an. Die Situation wird nicht besser, verschlechtert sich sogar, das Baby schreit immer mehr.

Grundsätze sind eine fragwürdige Angelegenheit

Viel besser ist es, sich den jeweiligen Bedürfnissen des Kindes anzupassen, sich zu fragen: was braucht es, was hat es am nötigsten? Es gibt, wie gesagt, keine verbindlichen, für alle gültigen Rezepte, aber es gibt doch eine Grundregel, an die man sich im Umgang mit kleinen Kindern halten sollte. Ganz einfach formuliert lautet sie: Kinder müssen die Erfahrung machen, wenn ich jemanden brauche, dann ist auch jemand für mich da. Und das muß verläßlich sein.

Babys sind hilflos, das weiß zwar jeder von uns – aber ist es uns wirklich immer bewußt, wenn wir mit einem Baby umgehen? Bedenken wir wirklich, was das heißt, was diese Hilflosigkeit bedeutet? So ein kleines Wesen kommt aus der warmen schützenden Hülle in die rauhe Welt, es muß sich anpassen, ob es will

19

oder nicht. Seine Körperfunktionen ändern sich, der Verdauungstrakt muß in Gang kommen, es muß von einer Minute auf die andere durch die Lungen atmen, es muß in relativ kurzer Zeit seine Sinne schärfen.

Ein riesiges Arbeitspensum hat so ein kleines Wesen zu bewältigen, eine schwierige Prozedur

Und wir hätten am liebsten – seien wir ehrlich – ein immer nur friedliches, mit sich und seiner Welt zufriedenes, lächelndes Baby. Aber nicht nur, daß ein Baby da Enormes leisten muß, es hat bei seinem riesigen Arbeitspensum auch nur eine einzige Möglichkeit, sich bemerkbar zu machen, uns mitzuteilen, was es will, was es braucht, was ihm fehlt: Es kann schreien, weinen. Anfangs ist es eher ein Quäken, laut, aber ohne große Variationen. Aber bald wird das Schreien dann schon differenzierter. Im dritten, vierten Monat kann das Baby uns schon recht gut mitteilen, daß es ihm gutgeht, es kann richtig krähen vor lauter Vergnügen. Aber es kann auch schon ganz schön wütend werden und zornig schreien, wenn die Erwachsenen wieder überhaupt nicht begreifen wollen, was ihm fehlt. Schreien ist nun mal seine einzige Möglichkeit, der Umwelt zu signalisieren: Ich habe Hunger! Ich habe Durst! Mich zwickt es im Bauch! Die Windel ist so schrecklich naß, ich friere! Schreien oder weinen ist aber für ein Kind auch die einzige Möglichkeit, uns mitzuteilen, daß es sich einsam fühlt: „Ist da überhaupt noch irgend jemand – oder bin ich nun ganz allein auf der Welt?"

Gerade diese große Angst, es könnte niemand mehr da sein, ist etwas, das alle Babys immer wieder plagt

Aber selbst größere Kinder, die längst in den Kindergarten oder in die Schule gehen, haben immer wieder Angst vor diesem Verlassensein.
Für uns Eltern ist diese Angst oft nur schwer zu verstehen. Wir sagen uns, wir haben unser Kind doch nie allein gelassen, es hat doch nie schlechte Erfahrungen machen müssen, es weiß doch, daß immer irgendein Vertrauter in der Nähe ist. Woher also diese Angst?
Vielleicht hilft es uns, diese Gefühle eines Kindes besser zu verstehen, wenn wir uns klarmachen, daß für ein Kind bis etwa zum zehnten Monat die Mama wie vom Erdboden verschwunden ist, sobald es sie nicht mehr sehen kann. Das Baby kann sich

einfach noch nicht vorstellen, daß die Mama weiterexistiert, wenn sie aus seinem Blickfeld verschwunden ist. Für viele Babys ist das ein Schock, sie geraten in Panik, fühlen sich verlassen und fangen lauthals an zu schreien.

Daß es sich auf seine Mama verlassen kann, daß sie immer wiederkommt, das weiß ein Kind nicht von Anfang an, das muß es erst allmählich durch hundertfache Erfahrung lernen. Es dauert also bei Kindern eine ganze Weile, bis sich das Gefühl der Verläßlichkeit aufbaut und stabilisiert, bis ein Kind sich sicher aufgehoben und geborgen fühlt. Aber die Angst kann lange Zeit immer mal wieder durchbrechen. Es ist nichts Ungewöhnliches, daß ein vierjähriges Kind, das gerade zur wohlvertrauten Oma gebracht wurde, mit verkniffenem Mund fragt: Holt ihr mich auch ganz bestimmt wieder ab?

Und weil das so ist, weil Angst ein die ganze Kindheit beherrschendes Gefühl sein kann, sollten wir uns von Anfang an bemühen, immer verläßlich zu sein, um dem Kind das Gefühl der Geborgenheit und der Sicherheit zu geben. Wenn uns das ge-

Daß es sich auf seine Mama verlassen kann, daß sie immer wiederkommt, das weiß ein Kind nicht von Anfang an. Das muß es erst erfahren.

lingt, haben wir etwas ganz Wichtiges geschafft – eine feste Basis, ein stabiles Fundament.

Die ersten beiden Jahre sind im Umgang mit den Kindern gewiß die anstrengendsten, es ist die Zeit, in der die Kinder häufig rund um die Uhr unsere Aufmerksamkeit verlangen. Es ist aber auch die Zeit, in der es am einfachsten ist, eine solide Basis zu schaffen. Je stabiler diese Basis der Geborgenheit und Sicherheit ist, um so leichter übersteht sie später auch mal einen Sturm, eine Erschütterung.

Auch wenn es manchmal mühsam ist – die Investitionen der ersten Jahre lohnen sich!

In mancher Hinsicht zahlt sich diese Mühe sogar schon sehr rasch aus: Je sicherer ein Kind sich beispielsweise fühlt, um so leichter fällt es ihm, sich mehr und mehr seinen Spielsachen oder anderen Dingen seiner Umwelt zuzuwenden. Ein solches Kind, das sich sicher fühlt, ist nicht mehr ständig damit beschäftigt, die Verläßlichkeit seiner Eltern zu testen und auf die Probe zu stellen. Es muß nicht zum x-ten Mal schreien, nur um zu prüfen, ob seine Mutter auch wirklich in der Nähe ist und kommt, wenn man nach ihr ruft.

Was ein Kind in der ersten Zeit an Fürsorge und Verständnis erfährt, das macht sich in den späteren Jahren bezahlt, trägt hohe Zinsen.

Das Gefühl der Sicherheit hat aber noch eine weitere wichtige Folge: Kinder, die Vertrauen in ihre Umwelt bekommen haben, gewinnen auch viel schneller Vertrauen in sich selbst und in ihre eigenen Fähigkeiten. Sie finden leichter den Mut, hinaus in „die Welt" zu krabbeln, „die Welt zu erobern".

Man sieht, da läuft eine ganze Menge ab, auch schon bei den Babys, obwohl man denken könnte, sie würden eigentlich nur schlafen, trinken, verdauen, mit ihren Ärmchen und Beinchen strampeln, um ihre Glieder immer besser zu beherrschen, und vielleicht mal lächeln, wenn man ihre Bäckchen kitzelt. Im ersten Lebensjahr wird Entscheidendes angelegt. Und wer die Chance nützt, der erspart sich viel Mühe in späteren Jahren.

Was will mein Kind von mir?

Das Gefühl der Geborgenheit ist also am allerwichtigsten für die Entwicklung eines Kindes. Dieses Gefühl kann nur enstehen, wenn das Zusammenspiel, die Kommunikation oder besser gesagt der Dialog zwischen Eltern und Kind gut funktioniert, und zwar von Anfang an. Wenn schon das Baby das Gefühl bekommt, wenn ich jemanden brauche oder wenn ich mich einsam und verlassen fühle, ist jemand da, dann gibt ihm das Vertrauen in seine Umwelt.

Die drängendste Frage, die sich für Eltern im ersten Lebensjahr ihres Kindes stellt, lautet meist: Wie gehe ich mit dem Schreien um? Was tue ich, wenn mein Baby weint, wie soll ich reagieren? Immer gleich hinrennen oder erst mal weinen lassen?

Das ist in der Tat eine sehr wichtige Frage, und sie ist gar nicht so einfach wirklich präzise zu beantworten. Den meisten Müttern/Eltern ist durchaus klar, daß das Baby sie braucht, wenn es weint. Aber viele verunsichert der Gedanke, sie könnten ihr Baby verwöhnen, wenn sie immer gleich zur Stelle sind, sich immer sofort auf Kommando beim Baby melden. Wäre es nicht besser, ein Baby gleich am Anfang einige Male richtig schreien zu lassen, damit es merkt, wo es langgeht, und daß da nichts zu machen ist mit Tyrannei?

Die psychologische Forschung kann diese Fragen inzwischen recht deutlich beantworten. Bei allen individuellen Unterschieden, die es zwischen den Kindern gibt, zeigt sich bei den Untersuchungen doch, daß Kinder um so leichter ein stabiles Vertrau-

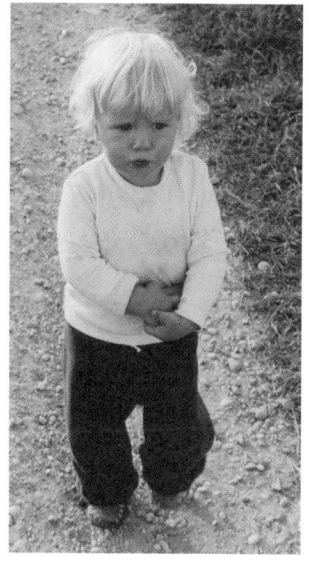

Hilfe! Ich sehe meine Mama nicht! Was Kinder nicht sehen, wird gleich als verloren gemeldet.

en in ihre Umwelt bekommen, je zuverlässiger ihre Eltern im ersten Lebensjahr auf das Weinen und Schreien reagierten.
Besonders im ersten Vierteljahr ist es ganz wichtig, prompt hinzugehen, wenn ein Baby sich meldet und das Signal gibt: Hallo, ich brauche euch! Das schafft Vertrauen. In den folgenden Monaten ist es dann am besten, zunächst aus der Entfernung zu antworten, wenn das Baby sich bemerkbar gemacht hat. Etwa mit einem freundlichen „Komme gleich!" Anschließend sollte man nach wenigen Minuten hingehen. So können wir die Zeit zwischen dem Rufen des Babys und unserem Auftauchen allmählich verzögern. Das Tempo dafür sollte aber das Kind angeben. Es hat keinen Sinn, so lange zu warten, bis das Kind richtig weint. Denn damit würden wir ihm nur beibringen: Hier muß man erst richtig Krach machen, sonst hört keiner!
Es ist auch nicht sinnvoll, bei jedem Weinen sofort hinzustürmen und das Kind aus seinem Bettchen zu nehmen. Besser ist es, sich erst einmal sehen zu lassen und liebevoll mit dem Kleinen zu reden oder es zu streicheln. Nur wenn das nicht mehr reicht, um das Kind zu beruhigen, kann man es auf den Arm nehmen.
Es kommt also auf zweierlei an: Erstens sollte man dem Kind das Gefühl vermitteln, es ist immer jemand da, wenn es jeman-

den braucht. Zweitens sollte es im Verlauf des ersten Lebensjahres aber auch lernen, Gefühle des Unbehagens und der Mißlichkeit ein wenig zu ertragen, selber wenigstens ein bißchen damit fertigzuwerden.

Behält man auch nach dem ersten halben Jahr den Sofort-Service bei, springt man gar auch noch beim Einjährigen, sobald er nur einen Mucks macht, dann setzt sich bei den Kindern die Meinung fest: Mir wird immer und jederzeit und auch beim geringsten Anlaß sofort geholfen, ich brauche selber nichts zur Bewältigung beizutragen.

Und was geschieht mit Kindern, auf deren Weinen nur sehr unregelmäßig reagiert wurde, die man vielleicht sogar ganz bewußt stundenlang hat weinen lassen?

Sie wurden nicht nur zu kräftigen Schreiern erzogen, es muß auch damit gerechnet werden, daß diese Kinder schlimme Verlassenheitsängste entwickeln, anstatt Vertrauen in ihre Umwelt. Schreien lassen ist also nicht die richtige Erziehungsmethode – auch wenn es manchmal wirkt, weil die Kinder resigniert aufgeben: „Mich hört ja doch keiner! Auf diese Welt ist eben kein Verlaß!" Es kommt im Umgang mit den Babys vielmehr darauf an zu erkennen, was sie da gerade zu signalisieren versuchen. Danach muß sich die Antwort auf das Schreien richten.

Und wie ist das bei den Müttern, die überängstlich darum bemüht sind, ihr Kind nie schreien zu lassen? Sie rennen sofort bei jedem Quäken, nehmen ihr Kind hoch, versuchen es mit allen Mitteln zu beruhigen. Sie wollen eine besonders gute Mutter sein, vielleicht haben sie auch besonders große Angst, es würde ihrem Kind in jedem Fall schaden, wenn es mal weint.

Schadet es Kindern wirklich, wenn sie mal weinen müssen? Etwa, weil sie Kummer haben, ihren Willen nicht durchsetzen können? Es gibt nicht den geringsten Grund, das anzunehmen. Auch Babys macht es wirklich nichts, wenn sie mal ausgiebig weinen. Schließlich müssen sich Kinder daran gewöhnen, daß das Leben auch mal Kümmernisse mit sich bringt. Uns Erwachsenen ist es schließlich auch manchmal zum Heulen zumute, wir haben nur im Laufe der Jahre Mechanismen entwickelt, mit deren Hilfe es uns gelingt, solche Gefühle zu unterdrücken oder auch einfach zu ertragen. Es schadet also Kindern wirklich nicht, daß sie mal weinen müssen. Schlimm wäre es nur, wenn man sie mit ihrem Schmerz und ihrem Kummer allein ließe.

Ein weinendes Kind braucht jemanden, der es tröstet, der ihm gut zuredet oder es, wenn der Kummer groß ist, auch auf den Arm nimmt

Wenn jemand bei ihm ist, kann es sogar richtig befreiend wirken, wenn ein Kind sich mal richtig ausweinen darf.
Die Menschen sind gesellige Wesen, und das nicht erst, wenn sie groß sind. Schon die kleinen Kinder fühlen sich in Gesellschaft wohler, sie brauchen Wärme, Anregung und Ansprache. Bekommen sie davon das nötige Quantum, sind sie zufrieden und fühlen sich wohl in ihrer Haut.
Früher war man der Ansicht, daß man kleine Kinder ganz in Ruhe lassen müßte, auch in ihren Wachphasen. Sie sollten abgeschirmt von allen äußeren Reizen still vor sich hin wachsen. Heute weiß man, daß Kontakte und äußere Reize (aber nicht gerade Fernsehen!) sehr wichtig für ihre Entwicklung sind.

Wieviel Kontakt, Anregung, Zuwendung brauchen Kinder im ersten Lebensjahr?

Wie spielt man am besten mit einem Baby, und ab wann und wie lange können sie sich auch mal allein beschäftigen?
„Wann kann der Junge sich denn endlich auch mal ein bißchen allein beschäftigen?" seufzt die Mutter des sieben Monate alten Karli. Sie wünscht sich so dringend, daß ihr Kleiner auch mal allein mit seinen Rasseln und Püppchen spielt, ohne daß ständig jemand bei ihm ist und sich ihm zuwendet. Aber was tut der Karli? Er weint, sobald er seine Mutter nicht mehr sieht, und anstatt schön zu spielen, nimmt er nur alles, was er erreichen kann, in seinen Mund, lutscht ein bißchen daran herum, tastet hier ein wenig, rappelt und klopft da ein wenig, dann läßt er das Spielzeug, das die Mutter ihm gegeben hat, einfach fallen oder wirft es gar in hohem Bogen aus seinem Bettchen. Aus, uninteressant! Hat mein Kind etwa keine Ausdauer? Die Mutter rechnet hoch – bleibt das auch künftig immer so, fragt sie sich. Und wie das immer bei solch quälenden Gedanken ist – alle Freunde und Bekannten haben natürlich Kinder, die sich wunderbar alleine beschäftigen, schon mit einem halben Jahr. Karlis Mutter macht sich arge Sorgen – aber eigentlich hat sie nicht den geringsten Grund dafür, denn so wie ihr Junge sich verhält, ist das völlig normal für Kinder seines Alters.
Die meisten kleinen Kinder können, bis sie ungefähr anderthalb Jahre alt sind, noch nicht „spielen" im eigentlichen Sinne des

Wortes. Wenn ein sechs Monate altes Kind es schafft, sich einige wenige Minuten ruhig mit einem Gegenstand auseinanderzusetzen, dann ist das schon eine tolle Leistung. Selbstverständlich gibt es auch hier Unterschiede. Nicht alle Kinder verhalten sich in den einzelnen Entwicklungsphasen gleich. Es gibt Kinder, die schon sehr früh gerne mit irgendwelchen Gegenständen herumpusseln. Und es gibt Kinder, die überhaupt nichts mit Spielzeug anzufangen wissen, die immer jemanden zum Spielen brauchen. Gewiß, sie schauen auch mal, wie alle Babys, ihren Händen zu, sind fasziniert davon, wie sie sich bewegen, oder sie verfolgen die schwingenden Figuren des Mobiles, das über ihrem Bettchen hängt. Am liebsten aber betrachten diese Kinder das Gesicht ihrer Mutter, sind gebannt von den Bewegungen ihrer Augen, wollen mit den Fingerchen ertasten, wo die Laute, die Wörter herkommen, die ihre Mutter spricht. Dies besondere Interesse für Gesichter ist durchaus verständlich, denn es gibt kaum etwas, bei dem die Vielfalt der Ausdrucksmöglichkeiten so groß ist wie im menschlichen Gesicht. Und obendrein geht ja für das Baby vom Gesicht seiner Mutter auch unendlich viel Liebe und Zärtlichkeit aus.

So ist es also ganz verständlich, daß Babys es lieben, nahe beim Gesicht ihrer Mutter zu sein, um es in aller Ruhe beobachten zu können

Sie ahmen dann die Mimik der Mama nach, lächeln, wenn sie lächelt, grinsen verschmitzt, wenn die Mutter verschmitzt

Spielen ist zunächst abtasten, reinbeißen, bewegen und runterwerfen und staunen, daß der Gegenstand nicht allein zurückkommt.

grinst. Im Nachahmen sind sie da schon bald wahre Künstler. Sogar Babys von wenigen Wochen schaffen es schon, ihre Zunge zu zeigen, wenn man es ihnen vormacht. Dieses Minenspiel brauchen alle Babys, es ist das vielleicht anregendste Spiel, das es für sie überhaupt gibt. Am besten gelingt es, wenn man den richtigen Zeitpunkt dafür wählt. Der ist meist dann, wenn das Baby nach dem Füttern ein kleines Nickerchen gemacht hat und nun satt, ausgeruht und unternehmungslustig ist. Dann kann man am besten, während man es auf seinem Schoß hat, mit ihm zwitschern und turteln und kichern, kann Fingerspiele machen und Kitzelspielchen oder sich einfach nur mit großen Augen neugierig und liebevoll ansehen.

Am Anfang sind die Zeiten, in denen ein Baby wach und spielbereit ist, nur kurz. Bei einem zwei Monate alten Baby in der Regel nur wenige Minuten. Mit einem Baby, das ein halbes Jahr alt ist, kann man sich unter Umständen schon fünfzehn Minuten beschäftigen, die Tagesform spielt natürlich eine große Rolle. Wenn das Baby wieder genug hat vom schönen, aufregenden Spiel, gibt es uns das deutlich zu erkennen. Seine Händchen werden dann schlaff, sein Blick hat nicht mehr die Kraft, unser Gesicht zu fixieren, er geht vielmehr ein wenig starr seitlich an unserem Kopf vorbei. Das Baby ist nun müde, braucht wieder seine Ruhe, dann ist es Zeit, das Spiel zu beenden.

Daß dieses Beenden gar nicht immer so leicht ist, wissen die meisten Mütter aus leidvoller Erfahrung. Denn oft fangen die Babys dann an zu weinen und zu quengeln, wenn man sie in ihr Bettchen legen will. Eine Mutter, die ihrem Baby dann mit ruhiger Bestimmtheit vermittelt: "Das macht nichts, wenn du jetzt ein bißchen weinst, ich bleibe hier bei dir im Zimmer!" wird am ehesten Erfolg haben und ihr Kind beruhigen können. Unsichere Verhaltensweisen verunsichern auch hier die Babys.

Im Laufe der Wochen und Monate wird die Kommunikation mit dem Baby dann immer reichhaltiger und differenzierter. Immer besser gelingt es den Babys, uns durch Brabbeln und Glucksen zu antworten, und oft übernehmen sie auch schon sehr früh selber die Gesprächsführung. Was kann man ihnen da nicht alles zeigen und erklären, während sie mit weit aufgerissenen Augen zuhören. Ich kann mich noch gut daran erinnern, wie ich unser Baby damals durch die ganze Wohnung getragen habe. Jedes einzelne Zimmer habe ich ihm gezeigt: „Schau, hier bist du nun zu Hause." Und das Baby machte ein kluges, verständiges Gesicht, und ich bildete mir ein, es würde wer weiß was alles verstehen.

Es ist ja alles ganz interessant – aber wo ist das Gesicht der Mama?

Unser Kind macht, was es will

Sie krabbeln herum, und man kann ihnen die Freude ansehen, endlich beweglich zu sein. Sie krabbeln, bis sie es perfekt beherrschen. Und dann wird's noch spannender – die Umwelt zu entdecken und zu erforschen ist das nächste Kapitel.
Das gibt Motivation, macht selbstsicher und ist ungeheuer aufregend. Alles möchten sie kennenlernen, aber leider sind den Entdeckerfreuden im täglichen Leben sehr oft Grenzen gesetzt. Vor vielen Dingen muß man krabbelnde oder gerade laufen könnende Kinder ganz einfach schützen, und umgekehrt muß man viele Dinge vor den stürmischen Entdeckern bewahren.
Also muß man das Kind oft bremsen, von ganz wahnsinnig interessanten, wichtigen Dingen fernhalten. Das ist für die Kleinen in ihrem Forschereifer natürlich schwer zu verkraften.
Da beginnt für die Mütter/Eltern ein wahrer Seiltanz, aber je geschickter sie dabei sind, um so besser für alle Beteiligten.

Ohne Grenzen geht es nicht, aber es dürfen eben nicht zu viele sein

Die Umwelt eines Kindes darf nicht mit Verboten zugepflastert werden. Stößt es ständig auf Widerstand, darf es einen nicht verwundern, wenn ein Kind über kurz oder lang resigniert, lustlos wird oder dauernd unleidlich ist, herumquengelt, weil es in seinem Entdeckereifer zu viel gehindert wird, ihn nicht ausleben kann.

Es ist ja nicht nur reine, unnütze Spielerei bei den Kleinen, sie müssen sich ja allmählich mit ihrer Umwelt bekannt machen, sich mit ihr auseinandersetzen, spielend mit den Dingen umgehen lernen. Das ist es aber nicht allein, es kommt noch etwas anderes hinzu. Bis sie mobil wurden, waren die Kinder total abhängig von der Mutter, plötzlich winkt nun ein bißchen Selbständigkeit, und beides zusammen läßt sie von Tag zu Tag immer selbstsicherer werden.

Manche Spiele machen dem Kind so viel Spaß, daß man sie nicht verbieten sollte, zumal wenn kein wirklicher Schaden entsteht.

Selbstsicherheit, das Vertrauen in die eigenen Fähigkeiten, erleichtert es Kindern – und zwar in jedem Alter –, sich auch etwas zuzutrauen. „Das kann ich, das schaff ich", diese Selbsteinschätzung ist eine gute Basis, viel besser als „Ich hab so Angst, ich trau mich nicht, wo ist die Mama?"

Der schwierige Balanceact der Mutter besteht nun darin, ihrem Kind genug Aktivitäten zu ermöglichen, denn dann ist es viel eher bereit, die Verbote, die es nun mal geben muß, einigermaßen gelassen hinzunehmen und zu akzeptieren.

Fast alles zu verbieten ist schlecht, aber genausowenig ist alles zu erlauben richtig

Der richtige Ausgleich zwischen beiden, zwischen Gewährenlassen und Verbieten, diese Balance ist ganz entscheidend. Ein Kind, das alles darf, das die Erde aus dem Blumentopf buddeln, das Wasser aus den Blumenvasen ins Zimmer schütten darf, wächst in der Meinung auf, alles, was ich will, kann ich auch tun. Damit tut sich aber die Mutter einen Tort an. Spätere Kämpfe sind da vorprogrammiert.

Die Mutter des elf Monate alten Florian ist dagegen der Meinung, ihr Junge solle sich von Anfang an daran gewöhnen, in seiner Ecke mit seinem schönen Spielzeug zu spielen. Aber da verlangt sie zuviel, das schafft Florian nicht, er muß doch entdecken. Er krabbelt also zielstrebig an das Regal und will doch mal probieren, was das mit den kleinen schwarzen Dingern auf sich hat. Er angelt nach einer Kassette, bekommt sie auch aus der Reihe. Er ist sehr befriedigt, will zur weiteren Untersuchung kommen, da erwischt ihn ein heftiger Klaps auf die Finger. Großes Gebrüll.

Er war gerade so zufrieden mit sich, da gibt ihm die Mama, die er so schrecklich liebt, eins auf die Finger, er ist unglücklich. Es dauert lange, bis er sich wieder beruhigt. Und was tut er dann? Probiert er das ganze wieder aus mit dem fragenden Blick, ob die Mutter ihn wieder hauen wird? Oder denkt er, da geh' ich lieber nicht mehr dran? Das wäre die Wirkung, die die Mutter erhofft. Natürlich ist Klapsen das gängigste, am häufigsten angewandte Mittel, es hilft auch oft, aber Klapse haben eben auch Nachteile. Zum einen verlieren sie mit der Zeit ihre Wirkung, und zum anderen belasten sie die Mutter-Kind-Beziehung schon bald sehr negativ und nachhaltig.

Kleine Kinder haben eine völlig andere Sicht der Dinge und begreifen oft nicht, warum die Erwachsenen sich so schrecklich aufregen

Besser, allerdings auch etwas mühsamer ist es zunächst, wenn man seinem Kind, das gerade die Kassetten aus dem Regal räumen will, mit einem bestimmten, nachdrücklichen „Nein! Nein!" zu verstehen gibt, das mag ich nicht! Natürlich reizt es jedes Kind, die Hände wieder danach auszustrecken, aber dann kann man es doch leicht hochnehmen und an anderer interessanter Stelle absetzen (siehe auch das Kapitel über Strafen). Die kleinen Entdecker sind relativ schnell mit anderen Dingen zu ködern. Das ist weniger Aufwand, weniger anstrengend als ein schrecklich heulendes Kind zu beruhigen. Und es beeinträchtigt die liebevollen Gefühle, das Vertrauen zwischen Mutter und Kind nicht.

Kinder sind auch in ihrem Spiel sehr verschieden. Es gibt die ruhigen, bedächtigen Forscher, die stundenlang vor einer offenen Schublade sitzen können, sie ein- und ausräumen, um zu sehen, ob wirklich auch diesmal alles wieder hineinpaßt. Es gibt Kinder, die wieder und wieder die Schublade auf- und zumachen können, um zu schauen, ob wirklich wieder das gleiche erscheint. Und es geht hin bis zu den wilden, stürmischen oder auch schrecklich kreativen Kindern, die unbedingt den wunderschönen Schnee auch im Wohnzimmer haben wollen. Warum die Erwachsenen darauf so entsetzt reagieren? Das versteht ein ein- oder zweijähriges Kind noch nicht so recht.

Wir Erwachsenen sehen dann viel zu schnell das „böse, unartige Kind", vergessen dabei aber, daß kleine Kinder eine ganz andere Sicht von der Welt und von den Dingen haben. Das ist oft schwer für uns zu begreifen, und so reagieren wir in unserem ersten Ärger viel zu oft falsch auf die Aktivitäten unserer Kinder.

„Das ist zu gefährlich", „Das darf man nicht", an solche Gebote halten sich kleine Kinder am leichtesten aus Liebe zur Mutter. Ihr wollen sie so viel wie nur möglich recht machen, ihr wollen sie gefallen, ihrer Liebe und Zuneigung wollen sie ganz sicher sein, darum halten sie sich, wenn alles gut läuft, auch einigermaßen daran. Aber keinesfalls aus Einsicht und Vernunft. Das kalkulieren wir Großen viel zu wenig ein.

Wir meinen, wenn wir so einem eineinhalbjährigen Knirps den Sachverhalt richtig erklären, dann versteht der das schon

Der schaut uns zwar mit seinen großen Augen sehr wichtig an, nickt vielleicht auch, als wäre ihm alles ganz klar, sagt vielleicht auch treu, „Nicht mehr tun" oder etwas Ähnliches. So gibt er uns die Gewißheit, wir sind vernünftige Eltern.

Sich in sein Kind hineinzufühlen, was braucht es jetzt für seine Entwicklung – wer das schafft, hat das Wichtigste erreicht, was es im Umgang mit Kindern überhaupt gibt.

Franziska, elf Monate alt, war eine ganze Weile damit beschäftigt, sich an Stühlen, an Hosenbeinen, an allem, was ihr Halt gab, hochzuziehen. Und dann kam der nächste Akt: Sie versuchte, freihändig zu stehen. Strahlend schaute sie sich im Kreis um, was sie beinahe aus dem Gleichgewicht brachte: Seht ihr auch alle, was ich schon kann! Liebevolle Anerkennung der Zuschauer motivierte sie weiterzuüben. Jetzt kann sie schon an der Hand eines Erwachsenen etwas laufen. Große Freude rundum, Franziska kann laufen! Aber warum ist sie plötzlich so quengelig? Von Natur aus eher ein fröhliches Kind, knatscht sie nur noch rum. Warum plötzlich? Die Antwort ist nicht schwer: Franziska hat nichts anderes mehr im Sinn, als zu laufen, und das möchte sie nun von morgens bis zum Umfallen.

Was Kinder sich gerade ins Visier genommen haben, das wollen sie dauernd üben, um perfekt zu werden. Egal ob es da ums Robben, Laufen, Treppen rauf und runter, Krabbeln geht, oder später ums Dreiradfahren. Man sollte diesen Motor, diesen Lerneifer wirklich nicht ohne Grund bremsen.

Kinder wollen alles alleine schaffen

Wenn sie etwas geschafft haben, sind sie ungeheuer stolz auf ihre Leistung, aber ganz wichtig ist für sie dabei, es ganz alleine zu schaffen. Da haben sie ihren Ehrgeiz.

Immer von der Mama gefüttert zu werden, ist ja ganz nett, aber selber essen, das wäre doch besser! Dieses Pensum ist zwar mühsam, macht aber viel Spaß. Nur hat die Mama leider ziemlich viel dagegen, bremst die Versuche. Laß das, das kannst du doch noch nicht! Ich füttere dich doch so schön.

Natürlich läuft die Hälfte des Tasseninhaltes bei den Eigenversuchen daneben, aber was stört das schon ein kleines Kind, wenn es sich bekleckert hat, ihm ist der Erfolg, selbst aus der Tasse getrunken zu haben, das Höchste. Daß da ein großer Teil daneben ging, was soll's, es war immerhin noch genug zum Trinken in der Tasse.

Die Wirklichkeit übertrifft jedes Kinderspielzeug, und obendrein macht sie auch noch viel mehr Spaß!

Allein essen macht Klecker. Allein essen verschafft aber auch das notwendige Selbstvertrauen.

Erfolgserlebnisse machen stark, sie befriedigen und motivieren zu weiteren Leistungen

Das ist bei uns Erwachsenen so, und es ist bei den Kleinen nicht anders. Selber essen, selber die Jacke zuknöpfen zu können, das sind alles Dinge, die Kindern ein Gefühl der Selbständigkeit geben. Das kann ich, ich bin schon groß, und wenn ich das geschafft habe, dann schaffe ich noch mehr!

Wir wissen gar nicht, wie oft wir Kinder bremsen, nur weil es mal wieder zu stressig ist, weil die Zeit drängt oder weil wir ganz einfach zu ungeduldig sind. Zu ungeduldig, um zu warten, bis ein kleines Kind den Knopf nun auch richtig durch das passende Knopfloch gebracht hat.

Wenn sie selber essen, macht das oft eine ziemliche Schweinerei auf dem Tisch und auf der Kleidung. Und man hat natürlich auch zu wenig Zeit, um beim Spaziergang oder Einkauf zu warten, bis die Eisschicht auf der Pfütze kaputtgetreten ist und sich das Söhnchen wie Tarzan persönlich fühlt.

Mit unserer Ungeduld und unserer liebevollen Fürsorge bremsen wir die Kinder immer wieder und bringen sie um ihre Erfolgserlebnisse

Das soll nun beileibe nicht heißen, daß man seinem Kind nicht helfen darf, wenn's mal eilig ist. Es geht hier darum, daß es wichtig ist, seinem Kind so viele Erfolgserlebnisse wie nur möglich zu verschaffen.

Es gibt selbstverständlich auch Mütter, die ihr Kind gerne über die Zeit hinaus betüteln, nichts selber machen lassen, um sich, dem Kind und aller Welt zu zeigen, was bin ich doch für eine fürsorgliche Mutter.

So ein Kind steht dann in der ersten Schulklasse noch da und kann sich die Schuhe nicht zubinden, kommt nicht einmal mit dem Klettverschluß alleine zurecht, und auch den zweiteiligen Reißverschluß an der Jacke bekommt es nicht zusammen. Die Mama muß es immer noch halten, wenn es klettern will, weil es sich selbst eben überhaupt nichts zutraut. Selbstvertrauen? Selbstsicherheit? Fehlanzeige!

Auch die Anstrengung, die Mühe, die ein Kind sich mit seiner Tätigkeit macht, verdient ein Lob.

Das Gefühl, ich kann das, schafft bei einem Kind schon eine ganze Portion Selbstvertrauen, aber es gehört außerdem auch noch eine ganze Portion Anerkennung und Lob dazu.

Aber auch das braucht – wieder einmal – das richtige Maß. Zu viel Lob, zu schnelles Lob, für jeden Pups schon das große überschwengliche Lob – das ist schnell abgenützt, hat bald keinen richtigen Stellenwert mehr. Umgekehrt macht aber zu wenig Lob, zu wenig Beachtung, keine Anerkennung, traurig und lähmt.

Das richtige Maß an Anerkennung und Lob beflügelt nicht nur uns Erwachsene. Schon das sechs Monate alte Baby, das der Mutter die Ärmchen entgegenstreckt und sich an ihren Fingern hochzieht, strahlt und freut sich über die Anerkennung in ihrer Stimme.

Der kleine Michael kann sich heute das erste Mal am Gitter seines Laufstalls hochziehen und für Sekunden freihändig stehen. Bevor er wieder umplumpst, gibt er einen undefinierbaren Laut von sich, der sagen will: „Mama, schau schnell her, was ich schon kann!" Schaut die Mutter hin, reagiert mit einem liebevollen „Toll", dann hat sie schon eine ganze Menge dafür getan, daß das Kind sich beachtet fühlt. Es macht gar nicht so viel Mühe und kostet gar nicht so viel Zeit, seinem Kind Lob, Ansporn und Beachtung zu geben.

Viele Eltern loben erst die große Tat ihres Kindes. Das große Ereignis – der mühsame Weg dahin scheint ihnen selbstverständlich

Oder sie befürchten, ihr Kind könnte zu eingebildet werden. Gerade die kleinen, mühsamen Schritte zum Ziel brauchen aber Anerkennung, nicht erst die fertige Leistung. Denn die Anerkennung gibt dann den nötigen Mut, von neuem anzufangen, wenn es mal noch nicht ganz so klappt.

Ein Kind soll ja nicht resignieren, wenn etwas nicht auf Anhieb gelingt, es soll nicht mit einem, „Ach, das kann ich doch nicht!" weitere Versuche aufgeben.

Das heißt aber nun nicht, daß man den nicht bewältigten Bauklotzturm so hochlobt, als wäre es ein vollkommenes Bauwerk. „Mein Söhnchen sitzt neben mir auf dem Boden und verlangt ständig, daß ich ihm etwas vorspiele, er schaut mir dabei zu, rührt aber selber keine Hand. Nicht einen einzigen Klotz setzt es auf den anderen. Wenn ich aber aufhöre, ihm etwas vorzuspielen, dann heult es!" Die Mutter ist verzweifelt, manchmal auch wütend auf ihr Kind, sie hatte ihm doch alles vorgemacht: den Ball gerollt, geworfen, Becher ineinandergesteckt, Türme gebaut. Jetzt sollte der Kleine doch endlich mal etwas selber machen, sie hatte ihm doch alles schön gezeigt. Aber das war es eben, die Mutter konnte den Ball weiter rollen als er, sie konnte höhere Türme bauen, die nicht gleich umfielen, sie konnte alles besser, schöner. Sie wird ganz sicher später auch die schöneren Bilder malen, oder seine Bilder so verbessern, daß sie auch schön sind, sie wird toller basteln, und ganz später wird sie dann auch seine Schularbeiten besser und schöner machen, Na, soll sie doch!, denkt der Kleine, ihm fehlt jetzt schon der Mut, gegen sie anzutreten.

Der Weg zum Ziel verdient oft mehr Lob als das Endergebnis.

Meine Eltern trauen mir etwas zu

„Ich laß dich das alleine machen, ich trau dir etwas zu, aber ich bin da, wenn du Hilfe brauchst, wenn du nicht mehr weiterkommst", das ist die Einstellung, die einem Kind ein dickes Polster an Sicherheit und Selbstvertrauen gibt.

Auf einer großen Familienfeier, die Oma hat Geburtstag, soll auf sie angestoßen werden. Der dreijährige Enkel möchte das natürlich auch, und seine Mutter füllt ihm dazu Saft in ein Glas. Der Kleine will es gerade vorsichtig und behutsam in die Hand nehmen, ganz angetan von dem feierlichen Ereignis, da schreit eine

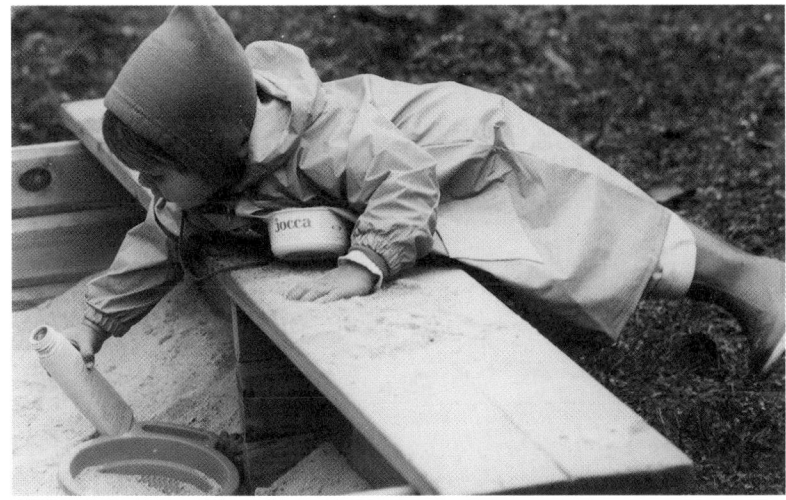

Das Kind traut sich selbst viel mehr zu, wenn ihm auch die Eltern etwas zutrauen.

Tante ziemlich hysterisch: „Um Gottes Willen. Man kann dem kleinen Kind doch nicht das gute Glas geben, er läßt es doch nur fallen! Mein Kind dürfte das nicht!" Großer Krach, die Stimmung ist hin. Dabei hätte man dem Kleinen das Glas ganz ruhig lassen können, es wäre nichts passiert, er durfte zu Hause mit den Eltern auch schon mal mitanstoßen, das war toll, er fühlte sich dann richtig „groß" und ernstgenommen: Meine Eltern trauen mir was zu!

Muß es denn überall drangehen?

Aktivität ist angesagt! Katharina liegt auf ihrer Decke auf dem Boden, rasselt und klappert mit den Dingen, die sie um sich verteilt hat, schwingt den Kochlöffel durch die Luft, kräht vor Vergnügen, brabbelt vor sich hin. Und wenn man genau hinhört, hat sie dabei schon ein ziemlich großes Repertoire.
Ihre Eltern sind in großer Spannung, jetzt muß sie doch bald krabbeln. Auf dem Bauch liegend rudert sie so heftig mit Armen und Beinen, als würde sie gleich abheben. Es muß doch endlich klappen! Der Vater kniet sich auf die Erde und zeigt seinem Töchterchen in Zeitlupe, wie man das macht, das Krabbeln. Die Kleine schaut ihm interessiert zu und widmet sich danach wieder anderen Dingen. Der Exkurs hat nichts genützt. Die Mutter

hat schon mehrmals versucht, ihre Kleine in die richtige Ausgangsposition zu bringen und hat ihre Beinchen wie beim Krabbeln hin und her bewegt, aber auch das hat nichts bewirkt. Mehrmals gibt es falschen Alarm: Das Kind liegt doch jetzt an einer anderen Stelle als vorher! Aber es hatte sich nur um die eigene Achse gedreht. Aber endlich ist es dann mal erreicht, Katharina ist „reif" zum Krabbeln.

Ganz neue Perspektiven eröffnen sich, wenn man sich endlich fortbewegen kann. Wie immer, wenn ein Kind eine neue Fertigkeit beherrscht, wird jetzt geübt, geübt, geübt. Triumphierend schaut sie dabei oft hoch: „Kann ich das nicht toll?" Lob und Anerkennung spornen sie an, reizen sie, noch einen Zahn zuzulegen und den Flur noch schneller hin und her zu schaffen.

Sie krabbelt zwischen den Beinen der Erwachsenen durch; unter Stühlen oder Tischen macht es besonderen Spaß. Wehe, wenn man sie von ihrem „Training" abhalten will! Die Mutter versucht es, Katharina soll doch endlich mit dem neuen Auto spielen, das die Oma mitgebracht hat. Das kann nur Tränen geben.

Wenn die Kinder dann auch noch laufen können, steht ihnen endlich die Welt offen, und es gibt nichts, was sie nicht interessiert, was sie nicht reizt

Die Kieselsteine auf dem Weg haben ungeheure Anziehungskraft, man kann sie überall hineinfüllen, in Becher, in Eimer, in die Hosentasche, überall ist Platz dafür. Vor allem zum Umfüllen sind sie ganz fabelhaft geeignet.
Es ist die Zeit der großen Experimente, und überall tun sich physikalische Wunder auf. Wenn man auf den einen Knopf drückt, dann geht die Lampe an, klar, daß man immer wieder probieren muß, ob das beim nächsten Mal auch wieder klappt. Brennt das Licht im Eisschrank wirklich jedesmal, wenn man ihn öffnet?

Das bedeutet alles Geduldsproben für die Mütter/Eltern, aber der Tag ist eben voller Wunder, und die reizen natürlich mehr als ein Ball, den man über den Boden rollen soll. Alle Knöpfe, an denen man drehen oder die man drücken kann, haben eine ungeheure Anziehungskraft, man kann schon sagen eine magische, denn manchmal fragt man sich, wie finden sie gerade den kleinen Schalter, die versteckte Steckdose.

Aber auch die Schranktüren muß man immer wieder öffnen – ist der dunkle Raum dahinter noch da? Warum die Mutter etwas dagegen hat, daß man den Raum ausräumt, hineinzukriechen versucht, das bleibt ziemlich unverständlich.

„Die Fernbedienung des Fernsehers ist vor unserem Kind nicht sicher, noch so viele Klapse auf die Finger halten es nicht davon ab", klagen viele Eltern. Aber die Kleinen wollen ihre Eltern damit nicht auf die Palme bringen, nicht verärgern, es ist nur so toll, wenn da etwas zu flimmern beginnt, und man hat das selbst ausgelöst. Ob das immer funktioniert? Ausprobieren! Da hilft nur, die Fernbedienung unerreichbar für das Kind zu machen. Der Reiz ist groß.

„Warum finden es denn die Großen nicht auch so toll, wenn man da alles bewegen kann?"

Stapeln, ordnen, ein- und ausräumen, umfüllen, schauen, wieviel in ein Behältnis geht, wieviel Wasser in die Gummischuhe paßt, wie tief eine Pfütze ist, wie oft man in sie hineinschlagen muß, bis man sie leer bekommt. Ein Riesenfeld tut sich den Kindern jetzt auf.

Es ist die Zeit der großen Experimente, und selbst die Putzecke ist voller Wunder.

Je größer das Umfeld des Kindes wird, desto größer werden auch die Erlebnisse. Bald beginnt nun auch die Freude am Risiko.

Kinder haben ziemlich eigene Vorstellungen von ihrer Forscherei

Die Oma schenkt ihrer Enkelin zum Geburtstag einen Puppenwagen mit Puppe und hofft, daß das Kind liebevoll mit der Puppe umgeht und sie sorgsam in die Kissen bettet. Was passiert? Die Kleine kippt den schönen neuen Wagen um und verstaut alle ihre Lieblingssachen darin. Schnuller, Schmusetuch, einen alten, angegammelten Plastikhasen, einen übriggebliebenen bunten Lieblingshandschuh. Die Oma ist enttäuscht, sie versucht noch einige Male die „arme" Puppe ins Gespräch zu bringen, aber ihre Versuche scheitern. Der Puppenwagen bleibt umfunktioniert.

Etwas irgendwo hineinstecken, ist eine ganz große Leidenschaft der Ein- und Zweijährigen. Kiesel, Stöcke, vor allem aber Schlüssel. Egal, ob sie damit nun in irgendwelchen Löchern herumdrehen und Spaß daran haben, einfach hineinzutreffen, oder ob sie uns Erwachsene schon nachmachen wollen, Schlüssel sind für Kinder in diesem Alter so etwas wie ein Statussymbol, eine Prestigesache. Je mehr Schlüssel an einem Bund hängen, um so interessanter ist er. Gegen so einen richtigen, echten Schlüsselbund kommt kein noch so schöner bunter Plastikschlüsselbund an. Viele, echte Schlüssel müssen es sein. Sicher kennt jeder eine Familie, in der morgens regelmäßig das große Theater anfängt, weil der Autoschlüssel verschwunden ist. Der liegt dann oft in der Spielzeugkiste.

Warum will es denn nicht spielen?

„Hier hast du eine Puppe, ein Auto, einen Ball, nun spiel mal schön!" Es klappt nicht, das Kind interessiert sich weder für die Puppe noch für das Auto oder den Ball. „Kann ich denn nicht verlangen, daß mein Kind sich auch alleine beschäftigt? Ich muß ja schließlich mal den Haushalt machen." „Warum kann denn mein Kind nur so selten alleine spielen?" fragen sich viele Mütter mit mehr oder weniger Groll in der Stimme. Manche sind ärgerlich über ihr Kind.

„Spielen ist doch die leichteste Sache der Welt, und an Spielzeug im Kinderzimmer mangelt es ja auch nicht, also warum klappt das gerade bei meinem nicht?"

Spielen entwickelt sich stufen- und phasenweise

Aber mit dem Spielen ist das so eine Sache, es dauert eine ganze Weile, bis ein Kind so weit ist, daß es sich alleine beschäftigen, alleine spielen kann. Ob man nun der Theorie anhängt, die Entwicklung eines Kindes laufe phasenweise ab, Stufe für Stufe, oder ob man meint, sie vollziehe sich kontinuierlich, das braucht uns hier nicht zu interessieren, wichtig ist, was kleine Kinder zu welcher Zeit – ungefähr – im Auge haben, wie sich das Spielen langsam entwickelt.

Zuerst hat das kleine Kind nur alles begreifen, ertasten und befühlen wollen. Hatte es das getan, war sein Interesse erschöpft.

Als nächstes galt es, krabbelnd oder laufend die Umwelt zu entdecken und zu erforschen. Es wurden Räume durchmessen, Dinge herausgezogen, rumgeschmissen, nichts war sicher vor den Entdeckern. Das Entdecken ging dann über in die Phase, in der bei jedem Ding probiert wird, was man damit wohl alles machen kann. Da sind der kindlichen Phantasie keine Grenzen gesetzt.

Die Kreativität schlägt hohe Wellen, es wird hart gearbeitet, ein Kind spielt ja nicht nur, um sich irgendwie zu beschäftigen oder um der Mutter nicht im Weg zu sein. Spielen bedeutet ja, sich mit den Dingen auseinanderzusetzen, sie kennenzulernen. Je mehr ein Kind das kann, ohne daran gehindert zu werden, um so besser.

Spielen ist oft nur Abtasten und Beschäftigung mit Details. Große Zusammenhänge nehmen Kinder erst später wahr.

Viele Mütter beschäftigt am allermeisten die Frage, wann ihr Kind denn endlich allein in seinem Zimmer spielen wird

Es ist aber eine große Illusion, wenn man nun denkt, ein eineinhalbjähriges Kind könnte sich schon allein in einem Zimmer längere Zeit beschäftigen. Natürlich gibt es Ausnahmen, aber im allgemeinen brauchen Kinder bis zu ihrem zweiten Geburtstag die Gegenwart der Mutter oder einer Betreuungsperson, um spielen zu können. Denn nur ein Kind, das sich sicher und geborgen fühlt, kann ruhig und intensiv spielen. Allein gelassen, wäre es beunruhigt, ob die Mama auch wirklich in der Nähe ist, ob sie auch nicht plötzlich verschwindet. So könnte es weder produktiv noch kreativ spielen.

Dabei steckt in allen Kindern eine gewaltige Portion Kreativität, von Anfang an. Sie können alles umfunktionieren und denken gar nicht daran, mit den Spielsachen auch so zu spielen, wie wir Erwachsenen uns das ausgedacht haben und erwarten. Der Sandeimer, den die Oma gerade mitgebracht hat, ist als Hut auf dem Kopf viel toller als zum Sandspielen, und mit einem Ball kann man ganz anderes tun, als ihn immer nur so durch die Gegend zu rollen, wie die Großen einem das vormachen. Alles kann man verwerten und daraufhin testen, was man damit wohl anstellen kann. Pappkartons zum Beispiel beflügeln die Phantasie der Kinder ganz besonders, sie können Häuser, Flugzeuge oder Autos sein. Tischdecken, die bis auf den Boden herunterhängen, bilden ein ganz tolles Zelt, in dem man alles mögliche anstellen kann.

Schon die Einjährigen haben schrecklich viel zu tun und nehmen ihr Spiel sehr, sehr ernst. Ob sie da gerade Experimente mit Kieselsteinen am Rande des Weges machen oder zu Hause gleich den Bagger nachspielen müssen, den sie unterwegs beobachtet haben, alles ist wichtig für sie.

Wir sollten ihr Spiel auch wirklich als das nehmen, was es für die Kinder ist: als Pensum, die Dinge ihrer Umwelt kennen- und mit ihnen umgehenzulernen

Nehmen wir das Spiel der Kinder wirklich ernst genug, stören wir sie nicht viel zu viel, hindern wir sie nicht zu oft daran, ihr Spiel fertigzuspielen?

Mitten im Spiel heißt es plötzlich: Pack ein, wir müssen einkaufen! Kein Kind ist damit einverstanden. Und ein Erwachsener wohl noch weniger.

Mitten im Spiel heißt es aufhören, alles stehen und liegen lassen. Wir müssen weg! Wenn es ganz schlimm kommt, wird auch noch alles, was das Kind gerade erschaffen hat, weggeräumt. Das ist frustrierend.

Wir Erwachsenen sind ja auch ärgerlich, wenn wir aus einer wichtigen Arbeit herausgerissen werden. Bei Kindern ist das nicht anders

Nach so einer gewaltsamen Unterbrechung ist die Luft gewöhnlich raus, der Elan ist dahin. Deshalb sollte man es sich zur Regel machen, einem Kind zu sagen: „Spiel doch bitte zu Ende, wir müssen gleich weg!" So kann ein Kind wenigstens noch zu einem Abschluß kommen, die Autos in die Garage fahren, den Bagger noch ausleeren. Und außerdem fühlt es sich ernstgenommen, Kindern ist ihr Spiel sehr wichtig. Sie möchten haben, daß auch ihre „Arbeit" anerkannt wird.
„Hab dich doch nicht wegen der paar blöden Sandkuchen!" – das tut jeder Kinderseele weh! Und ganz besonders dann, wenn der

letzte Sandkuchen doch wirklich lupenrein aus der Form gekommen war.

Kinder, wenn es geht, zu Ende spielen lassen, ist also ganz wichtig. Außerdem brauchen sie aber noch die Gewißheit, daß ihnen jeden Tag Zeit und Ruhe für ihr Spiel bleibt. Oft vergehen unsere Tage einfach zu hektisch, ins Auto rein, aus dem Auto raus, rein in die Karre vom Supermarkt, raus aus der Karre – aber irgendwo sollte im Tagesablauf immer eine gewisse Spielzeit für die Kinder rausspringen. Nur so können sie Ausdauer, Geduld und Freude am Spiel bekommen, nur so lernen sie mit der Zeit, sich intensiv allein zu beschäftigen.

Und noch eine wichtige Erfahrung, die viele Mütter machen: Manche Kinder halten überhaupt nichts davon, sich allein mit ihrem Spielzeug zu beschäftigen, sie wollen das gleiche wie ihre Mutter tun. In Töpfen rühren, mit Lappen hantieren, wischen. Das ist nicht immer angenehm für Mütter. Wenn zum Beispiel ihr Kind unbedingt auch den Lappen in den Wassereimer tauchen muß, kann das recht lästig werden, aber es gibt ja zum Glück auch harmlosere Beschäftigungen. Und Kinder macht es glücklich, wenn sie „mitarbeiten" dürfen. Und glückliche Kinder sind in der Regel auch friedliche Kinder.

Nicht nur der Urlaub sollte den Kindern ungestörte Spielzeiten ermöglichen – auch im Alltag muß es Zeiten geben, in denen außer Spiel nichts auf dem Plan steht.

Warum will mein Kind mich nicht verstehen?

Wir erklären unserem Kind alles, auch jetzt schon, wo es noch klein ist. Es soll doch spüren, daß wir es ernst nehmen und ihm nicht nur Befehle erteilen. Wir meinen, es hat ein Recht darauf zu wissen, warum es etwas nicht tun darf.

Aber wie klappt das mit dem Erklären bei kleinen Kindern? Begreifen sie das oder sind sie damit überfordert?

Erklärungen helfen einem Kind nicht, sein Verhalten zu ändern. Es ist mit unseren Worten überfordert.

Der kleine Michael, noch keine zwei Jahre alt, zwickt und beißt die anderen Kinder in der Spielgruppe und ist außerdem ungeheuer darauf aus, alles Spielzeug, das ihn reizt, das er haben will, an sich zu reißen. Seine Mutter nimmt ihn dann zu sich an die Seite und erklärt ihm genau, warum man das nicht darf, warum man sich so nicht verhält. „Das tut den anderen doch weh, du magst doch auch nicht, wenn man dich beißt! Und das Spielzeug gehört dem anderen Kind, nicht dir, spiel du mit deinem!" Michael hört mit großen, verständnisvollen Augen zu, nickt zustimmend. Die Mutter ist voll überzeugt: Michael hat mich verstanden! Er wird das nicht mehr tun. Man muß eben nur vernünftig mit Kindern reden, ihnen alles richtig erklären. Dann klappt das schon.

Zurück in der Gruppe, dauert es nicht allzulange, bis Michael wieder die anderen Kinder zum Heulen bringt, er beißt und will partout gerade das Spielzeug haben, womit sich ein anderes Kind beschäftigt. Seine Mutter wird zusehends verärgerter, die anderen Mütter beobachten sie schon abschätzend: Was sie jetzt tun wird? Sie ist langsam davon überzeugt, der Junge verhält sich so, nur um sie zu ärgern. Einen anderen Grund kann es ja nicht haben, sie hatte ihm schließlich alles genau erklärt. Die Mutter war wütend auf ihren Sohn und fühlte sich außerdem noch von den anderen Müttern bedrängt. Nur Michael kümmerte das alles überhaupt nicht, er war gerade wieder in Händel um ein Auto verwickelt.

Mit Erklärungen sind kleine Kinder selten davon abzuhalten, irgend etwas anzustellen

Ob das nun der temperamentvolle Michael in der Spielgruppe ist oder das kleine Mädchen, das immer wieder in die Steckdose fassen will: Selbst im Straßenverkehr bringt es wenig, den Kindern von den Gefahren zu erzählen. Damit überschätzen wir sie gewaltig.

Natürlich gibt es Kinder, die an der Stimme und der Art, wie die Mutter etwas sagt, spüren, daß die Mama nicht mag, was sie gerade vorhaben, und die dann aus Liebe zur Mutter ihren Plan aufgeben. Aber solche Kinder scheinen doch die Ausnahme zu sein.

Warum klappt es nicht, wenn ich einem Kleinen erkläre, warum er dies oder jenes nicht machen darf: daß man andere Kinder nicht schlägt, daß man anderen nicht das Spielzeug entreißt, daß der verstreute Zucker auf dem Boden nicht für alle die reine Freude ist und daß das Spinatgemälde auf der Tischdecke zwar sehr schön aussieht, aber für den, der es wegwischen muß, doch sehr ärgerlich ist?

Kleine Kinder leben ganz im Augenblick, für sie gibt es nur das Jetzt, was gerade war, ist schnell vergessen, und eine Zukunft existiert noch nicht. Jetzt reizt sie das Spielzeug des anderen Kindes, jetzt muß schnell probiert werden, wie andere reagieren, wenn man sie zwickt.

Kleine Kinder leben spontan und direkt

Vor allem aber, sie fühlen sich als Nabel der Welt. Um sie und ihre eigenen Wünsche dreht sich alles.

Vielen Erwachsenen ist das nicht klar, sie sind entsetzt, halten die Kinder für egoistisch, leiden darunter und versuchen mit allen nur möglichen Methoden, sie zum Mitgefühl, zum Teilen, zur Rücksichtnahme zu erziehen.

Da ist eine Mutter entsetzt darüber, weil ihr Kind sie beißt. Um Gottes Willen, woher hat es das nur, ist es böse, liebt es mich nicht, kann man ihm das jemals wieder abgewöhnen? In ihrer Angst und Sorge versucht sie, es mit der Wie-du-mir-so-ich-dir-Methode auszutreiben, sie beißt zurück. Es soll sehen, wie weh das tut. Aber Erfolg bringt das auch nicht, das Kind weint zum Erbarmen, es muß auf den Arm genommen und lange liebevoll getröstet werden. Den Zusammenhang zwischen Beißen und Gebissenwerden hat es nicht verstanden, der war noch zu kompliziert.

Eine andere Mutter versuchte mit Jammern und Schluchzen ihr Kind davon abzubringen, daß es nach ihr schlug. Das Kleine reagierte verwirrt, es streichelte seine Mutter, sagte mitleidig, „weh getan". Aber ein paar Minuten später schlug es wieder nach ihr. Auch durch diese Methode war es also von seiner Untugend nicht abzubringen.

Kleine Kinder entwickeln eben erst ganz langsam und allmählich die Fähigkeit zum Mitgefühl. So um den dritten Geburtstag herum schaffen sie es, mitzuleiden, sie können dann auch schon auf andere eingehen. Auch die Fähigkeit, kleine Konflikte zu lösen, wächst jetzt schnell. Ursache und Wirkung lernen sie langsam zu erkennen. In diesem Alter können sie ihre Wünsche auch schon mal zurückstellen und geraten nicht mehr aus der Fassung, wenn etwas nicht nach ihrem Kopf geht.

Sie reißen dann nicht mehr alles Spielzeug rigoros an sich, sondern können schon kleinweise verhandeln und mehr oder weniger geschickt mit den anderen umgehen, wo bis dahin Streit ziemlich roh ausgetragen wurde.
Um diese Zeit herum dämmert ihnen auch, was Mein und Dein bedeutet. Für uns Erwachsene ist es schwer zu realisieren, daß das bis dahin ziemlich verschwommene Begriffe bei unserem Kind sind, und es sich da erst hineinleben muß. Unser Kind hat das Auto zu Weihnachten bekommen, also weiß es doch, daß es ihm gehört.

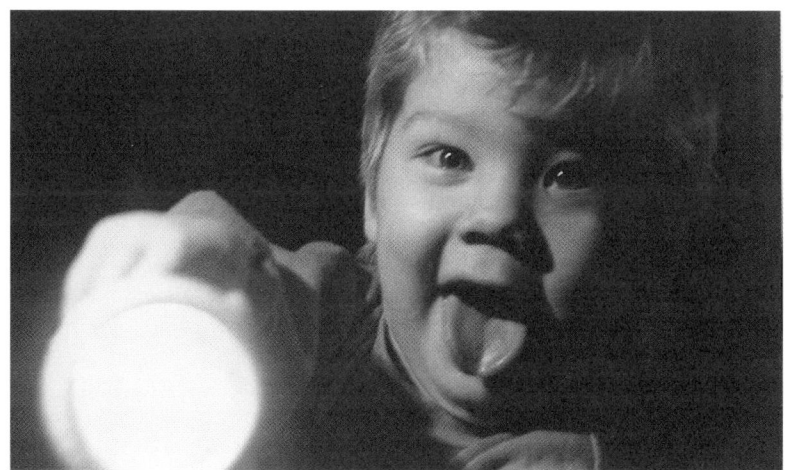

Kleine Kinder denken anders, ihnen gehört noch die ganze Welt. Alles, was sie sehen und anfassen können, ist ihr Eigentum.

Im Umgang mit anderen Kindern ist mein Kind eine Katastrophe

Man sollte die Großfamilie, das „bessere frühere Leben", nicht idealisieren. Aber eines steht fest: Die kleinen Kinder lernten damals leichter, vernünftig miteinander umzugehen. In den Großfamilien gab es meistens mehrere Kinder in verschiedenem Alter. Auch in den Kindergruppen, die früher noch allein draußen auf der Straße spielen konnten, ging es quer durch alle Altersklassen, die Kleinsten saßen in ihrem Wagen und durften den Großen beim Spielen zuschauen. So lernten die Kleinen von den Großen, schauten sich viel von ihnen ab. Und sie respektierten sie. Taten sie das nicht, wurde ihnen schon gezeigt, wer da was zu sagen hatte. Sie hatten Zeit, ganz allmählich in die Gruppe hineinzuwachsen.

Kinder sind gern in Gesellschaft von Kindern, sie finden andere Kinder interessant

Ein Kind muß lange üben, bis es mit andern Kindern zurechtkommt.

Ist ja auch klar, denn die Erwachsenen sind die großen Autoritäten, aber andere Kinder sind eben so wie man selbst ist, man kann sich anders benehmen in ihrer Gegenwart, man traut sich unter Umständen da auch mehr, je nach Temperament.
Schon wenige Monate alte Babys verfolgen mit den Augen andere Kinder. Mit sechs Monaten versuchen manche schon, ein anderes Kind zaghaft anzulächeln oder anzufassen. Zwar endet das manchmal mit Tränen, weil die Kleinen gerne dabei in die Backe fassen, und das kann ordentlich wehtun, aber in der Regel begnügen sie sich damit, das Gesicht ihres Gegenübers anzusehen.
In der zweiten Hälfte des ersten Lebensjahres klappt das mit dem Anlächeln dann schon besser, und das Baby versucht vielleicht schon, das andere Kind anzulallen, ein „Gespräch" mit ihm zu beginnen.
Gesellschaft mit anderen Kindern ist schön. In der früheren Großfamilie oder im größeren Clan der Kinder wurden die Kleinen mitgezogen und miterzogen. Heute versuchen wir, den Kindern wenigstens durch Krabbel- und Spielgruppen das Gefühl der Großfamilie zu ersetzen, ihnen die Möglichkeit zu geben, mit anderen zusammenzukommen. Nur sind das dann meistens Gruppen von Gleichaltrigen, die alle noch gleich unerfahren im

Umgang mit anderen Kindern sind. Da kann man dann sehr gut beobachten, daß die Fähigkeit zu sozialer Kommunikation, zum vernünftigen Umgang miteinander erst gelernt werden muß und nicht etwa angeboren ist.

Kleine Kinder wissen nämlich überhaupt noch nicht, was sie miteinander anfangen sollen, wie man miteinander umgeht

Und so probiert es dann jedes Kind auf seine Weise, seinem Temperament entsprechend. Die einen gehen forsch drauflos, andere sind dagegen eher zurückhaltend. Die Kinder sind eben alle verschieden: Die kleinen Draufgänger, die noch ganz in ihrer Ichbezogenheit alles, was sie sehen, auch haben wollen und an sich reißen. Die Wilden, die das Kontakten mit Beißen, An-den-Haaren-Ziehen oder Puffen versuchen. Und dann die eher Zurückhaltenden, die sich alles wegnehmen lassen, sich nicht wehren, lieber erst einmal vom sicheren Schoß der Mama aus dem Treiben zuschauen. Da gibt es dann manches Kind, das den Vorstellungen, den Wünschen seiner Mutter nicht entspricht. „Zu Hause ist mein Kind doch lebhaft, oft sogar frech, und hier läßt es sich alles wegnehmen, wehrt sich noch nicht einmal. Es kommt dann auch noch heulend zu mir gerannt. Was sollen die anderen Mütter nur denken!"
So klagt die eine Mutter, eine andere dagegen hat die Sorge, von den anderen für eine schlagende Mutter gehalten zu werden,

weil ihr Kind die anderen schlägt. Immer wieder beteuert sie, daß ihr Kind noch nie geschlagen wurde.

Und das stimmt auch, der Junge hat wirklich noch nie Schläge bekommen, aber er versucht hier, etwas mit Schlagen zu erreichen. Was, das weiß er selber nicht mit seinen zwei Jahren. Er und die anderen, keiner hat hier bisher einen Durchblick, was da so läuft. Ihnen ist noch nicht so richtig klar, was Gut und Böse, was Mein und Dein ist, und Mitgefühl ist vorerst noch etwas völlig Unbekanntes für sie. Sie proben sozusagen ins Unreine, sie üben. Und da geht schon mal was ins Auge.

Das ist für manche Mutter natürlich nicht immer leicht, vor allem auch deshalb, weil die Meinungen der einzelnen Mütter weit auseinandergehen. Da besteht eine Mutter auf sofortiger rigoroser Bestrafung, wenn ihr Kind umgerempelt wurde, eine andere plädiert dafür, die Kinder ihre Konflikte doch allein austragen zu lassen, während sich wieder eine andere, recht resolute Mutter, in den kindlichen Trubel stürzt und Klapse verteilt, wenn sie es für nötig hält.

Nicht überall, nicht in jeder Gruppe ist so viel Trubel, ist so viel los. Aber überall gibt es Mütter, die sich fragen: Soll oder kann ich mit meinem Kind, das die anderen beißt, schlägt oder pufft, denn noch weiter in die Gruppe gehen? Viele bleiben dann aus Angst zu Hause.

Wenn Müttern jedoch klar ist, wie das in einer Gruppe gleichaltriger kleiner Kinder läuft, wie schwierig es ist, den Umgang miteinander zu lernen, dann können die Mütter die Situation

Gesellschaft mit anderen Kindern ist schön, auch wenn man noch viel ausprobieren muß, bevor sie zu einem „friedlichen" Miteinander wird.

besser verstehen und sich gegenseitig auch besser helfen. Die Angst, ihr Kind nicht richtig erzogen zu haben, brauchten dann viele Mütter nicht zu haben. Und sie müßten sich nicht ängstlich fragen, ob ihr Kind immer so schüchtern bleibt, ob es später auf dem Schulhof nur in der Ecke herumstehen wird. Solche Sorgen sind unbegründet.

Das Verhalten von Zweijährigen sagt kaum etwas darüber aus, wie sie sich später einmal benehmen werden

Am Ende des dritten Lebensjahres haben die Kinder meist schon recht gut gelernt, miteinander umzugehen, miteinander zu spielen, Mitgefühl zu zeigen. Immer häufiger gelingt es ihnen dann auch, ihre Konflikte auf geschickte Art selbst zu lösen. Nicht mehr auf die rohe Tour, wie im Sandkasten.

Trotzdem ist es für viele Mütter schwer, wenn ihr Kind den eigenen Wunschvorstellungen nicht entspricht. Besonders wenn es etwas schüchtern ist. Ganz liebevoll wird es in die Gruppe gedrängt, obwohl es sich nicht traut und lieber bei der Mutter bleiben würde. Das Söhnchen, ganz zufrieden auf Mutters Schoß, soll kein Angsthase sein, sondern ein richtiger Junge! Vorwurfsvoll wird es in den Trubel gesteckt. Komm ja nicht wieder auf den Schoß, liest das Kind in Mutters Augen.

Das beste wollen heißt, das Kind zu akzeptieren wie es ist.

Man könnte noch einen ganzen Katalog anführen, wie Mütter in liebevoller Absicht ihr Kind in solche Situationen drängen. Doch nur zu ihrem Besten!, werden sie sagen, übersehen dabei aber ganz, daß jedes Kind auch bei liebevollstem Drängen mitbekommt und fühlt: „Die Mama mag mich eigentlich nicht so, wie ich bin, sie möchte mich ganz anders. Draufgängerischer, lustiger, lebhafter, weniger schüchtern oder vielleicht stiller, nicht so, forsch!" Kinder, die so etwas fühlen, sind verunsichert. Entweder wird ein Kind, das sich nicht angenommen fühlt, wie es nun mal ist, renitent und aggressiv, oder es zieht sich irritiert in sich zurück, es traut sich nichts mehr.

Mit dem „Besten", was Eltern für ihr Kind wollen, wenn sie es ändern möchten, ist es also nicht weit her, es richtet nur Schaden an. Das Beste für ein Kind ist, wenn es so sein kann, wie es sein möchte, wenn die Eltern ihr Kind annehmen, wie es ist. Elterliche Wunschbilder sind eine gefährliche Sache, man sollte sie im Reich der Phantasie lassen und nicht versuchen, sein Kind diesen Bildern anzupassen.

Wie kann es nur
so eifersüchtig sein?

Die Mutter der knapp zweijährigen Katharina klagt sehr darüber, daß sich ihr Töchterchen in der letzten Zeit so verändert
hat. Früher war es so lieb und anschmiegsam, jetzt ist das Kind
aufsässig und sogar oftmals aggressiv.

Alles Schimpfen und Strafen bringt keine Besserung, dabei war
das Verhältnis zwischen Mutter und Tochter so innig, so harmo-
nisch.

Von dem kleinen Geschwisterchen, das vor kurzem auf die Welt
kam, nein, von dem kann das nicht herrühren. Kathrina liebt
doch das Baby so sehr, sie ruft die Mutter sofort, wenn es
schreit.

Nein, von dem Geschwisterchen kann es nicht kommen, daß
mein Kind sich verändert hat, meinen viele Eltern, die ihre
Dreierfamilienkonstellation zu einer Viererriege aufgestockt haben. Sie wollen alle nicht glauben, daß die Ankunft eines Babys
die Verhältnisse ändert, daß die Beziehung zum Erstgeborenen
anders wird, zeitweise sogar problematisch werden kann, bis
sich alle in die neue Situation eingelebt haben.

**Wenn einem die ganze Welt
gehört, dann ist es bitter,
wenn ein Geschwister sie
einem streitig macht.**

Erklärungen sind eine Sache. Eine andere Sache ist das tägliche Erleben des neuen Babys

Wir haben unserem Kind doch erklärt, wie schön das ist mit einem Geschwisterchen. Wir haben ihm auch immer wieder gesagt: „Wir lieben dich dann noch genauso wie vorher."
Also, kein Grund für Schwierigkeiten?

Bei großen Kindern, die schon alles verstehen, mag das auch
stimmen, aber kleinere Kinder haben da so ihre Probleme.

Ein zwei- bis dreijähriges Kind, das ein Geschwisterchen bekommt, kann eben mit Erklärungen noch nicht viel anfangen,
versteht sie noch nicht richtig. Es merkt nur, da verändert sich
was mit der Mama, es ist vielleicht verunsichert und fürchtet,
daß das von Nachteil sein könnte.

Als große Veränderung empfinden viele Erstgeborene den Einbruch eines Geschwisterchens in ihre heile kleine Welt, in der sie sich gerade eingelebt hatten

Für alle kleinen Kinder ist die Frage: „Lieben mich meine Eltern?" – „Lieben sie mich immer und ganz fest?" das Beherrschende in ihrem Leben. Diese Liebe müssen sie hautnah spüren, sie leben ja noch rein emotional und können die gutgemeinten Erklärungen der Eltern nicht richtig verstehen. Sie hören nur die Wichtigkeit des Themas heraus, was sie natürlich eher beunruhigt, als sicher macht. Sie spüren genau, irgend etwas rührt sich da im Busch, aber was nur?
Plötzlich ist dann die Konkurrenz im Haus, ein kleines Baby, mit dem man sich jetzt die Liebe der heißgeliebten Mutter teilen muß.

Aber nicht nur die Liebe muß man teilen, sondern auch die Zeit

Die Zeit, die die Mutter für einen übrig hat, ist weniger geworden. Das ist hart, nur sehr schwer für die älteren zu verkraften. „Na, teilen zu lernen wird unserem Großen guttun", meinen manche Eltern auch und sind erstaunt, wenn ihr Erstgeborenes dafür gar kein Verständnis hat und nur sehr unwillig und höchst ungern die wichtigsten Dinge seines Lebens – Liebe und Zeit der Mutter – mit dem Geschwisterchen teilt.
Natürlich ist das Teilen eine edle Angelegenheit, dazu sind aber die meisten Kinder erst fähig, wenn sie größer sind. Teilen, Mitgefühl, das kommt alles erst viel später.
Alle kleinen Kinder sind ichbezogen, fühlen sich als der Nabel der Welt. Nun wird aber gerade diese Tatsache sehr häufig falsch interpretiert. Jeder Erwachsene kennt die Szenen, wenn ein kleines Kind alles haben will, was es sieht, egal was und von wem es ist. Es reißt zum Entsetzen der Erwachsenen Spielzeug anderer Kinder an sich und ist nicht dazu zu bewegen, es wieder herzugeben. Da wird so ein Kind dann schnell als böse, nicht gut erzogen abgestempelt, dabei ist das ein normales, altersbedingtes Verhalten.

Teilen aus freien Stücken ist sicherlich eine Tugend, aber vor dem dritten Geburtstag eine Utopie.

Das Teilen aus freien Stücken klappt erst allmählich – nach dem dritten Geburtstag

Und die Erklärung der Erwachsenen: Das gehört doch dem anderen Kind!, stößt noch lange Zeit auf totales Unverständnis;

außer natürlich, die Eltern insistieren, üben heftigen Druck auf ihr Kind aus. „Du mußt doch ganz lieb sein, sonst...“! Dann kann es schon mal vorkommen, daß ein Kind auch früher von seinen Sachen abgibt. Aber auf Dauer macht es doch einen Unterschied, ob ein Kind etwas freiwillig tut oder unter Zwang.

Das Teilen ist also noch nicht ihre Sache, weder das von Spielzeug, noch das Teilen der mütterlichen Liebe.

Der schon fast dreijährige Benjamin hat ein Brüderchen bekommen, man kann überhaupt noch nichts mit ihm anfangen, es schreit und macht der Mutter viel Arbeit. Aber wenn sie das Baby wickelt oder stillt, dann kann er gar nicht hinschauen! So zärtlich, wie die Mama mit dem Kleinen dann ist, das ist einfach zuviel für ihn. Benjamin macht seiner Mutter deshalb eines Tages den Vorschlag: „Weißt du, wir bringen das Baby wieder weg, dann sind wir zwei wieder ganz für uns alleine!“ Die Mutter bekommt einen Schock, wie kann ihr Kind nur so herzlos sein, was hat sie nur für ein böses Kind. Und so etwas sagt er auch noch mit dem treuherzigsten, liebsten Gesicht! Schrecklich!

Der entthronte Prinz braucht Trost und Zuwendung – jetzt mehr denn je – als „Extraportion"

Benjamin hatte das aber ganz ohne Arg, ohne Bosheit gemeint, er wollte nur seine geliebte Mama wieder ganz für sich haben. Dem Baby wollte er ja gar nichts Böses, so weit konnte er noch gar nicht denken.

Seiner Mutter wurde aber langsam klar, wie sehr ihr Großer unter Eifersucht litt, sie sah seinen Wunsch, das Baby verschwinden zu lassen, dann als Signal dafür, daß er sich vernachlässigt fühlte, mehr Zuwendung und Beachtung brauchte.

Die Eifersucht der Erstgeborenen auf kleine Geschwister ist nun nichts Durchgängiges, sie ist nicht immer gleich stark und nicht immer gleich heftig. Vor allem aber, geschwisterliche Eifersucht kommt allermeistens so getarnt daher, daß Eltern sie gar nicht erkennen.

Natürlich gibt es Erstgeborene, die ihre Eifersucht direkt an dem Geschwisterchen auslassen, es beißen, zwicken, ihm ein ganzes Brötchen aus lauter „Liebe" in den Mund stecken usw., aber meistens ist die Eifersucht eben doch ziemlich verschlüsselt. Da wird ein Kind plötzlich aggressiv, besonders der Mutter gegenüber, ist scheußlich zu ihr. Ein anderes tobt wie wild, gerade wenn das Baby schlafen soll, vor dessen Tür herum.

Sehr viele Erstgeborene bringt die Innigkeit ihrer Mutter mit dem Baby beim Stillen auf die Palme

Manche bewerfen Mutter und Baby mit Bilderbüchern, die sie in der Zeit des Stillens anschauen sollten.
Kinder, die schon selbst essen können, verlangen plötzlich wieder nach der Flasche, wollen absolut nicht mehr mit dem Löffel essen. Selbst größere Kinder wollen wieder Mamas Kleines sein.
Kinder, die schon lange sauber und trocken waren, wollen auch wieder gewickelt werden, zärtliche Zuwendung bekommen.
Man sieht, die Phantasie von eifersüchtigen Erstgeborenen kennt keine Grenzen.

All das sind Signale, die zeigen, das Kind fühlt sich in seiner Haut nicht wohl, es ist eifersüchtig und braucht mehr Zuwendung und Liebe. Kleine Kinder können ja nicht einfach sagen, hört mal, ich bin aber ganz schön eifersüchtig, kümmert euch doch mal etwas mehr um mich!

Natürlich ist eine Mutter mit zwei kleinen Kindern voll im Einsatz und gestreßt, aber ein aggressives oder aufsässiges Kind ist dabei dann noch viel schwerer zu ertragen Deshalb lohnt es sich, einem „Großen" mehr Zeit zu widmen, ihm mehr Zuwendung und Beachtung zu geben. Auch wenn es nur selten gelingt, damit die Eifersucht gleich ganz aus der Welt zu schaffen – die Nerven werden immerhin ein wenig geschont, man hat ein zufriedeneres Kind.

Das besagt aber alles nicht, daß sich ein Erstgeborenes nicht auch ganz wichtig in seiner Rolle fühlt. Es ist in der Hierachie aufgestiegen, es ist jetzt „groß", das ist ja auch was. Es sind ganz zwiespältige Gefühle, die ein Kind da packen können.

Mal ist es toll, als Großes angeredet zu werden, aber das kann sofort umschlagen in die heftige Sehnsucht, auch wieder Mamas Kleines zu sein

Der tägliche Streß bringt es manchmal ganz einfach mit sich, daß Eltern von dem größeren Kind zuviel Vernunft verlangen. Du bist doch jetzt groß und schon so vernünftig! Damit sind aber die meisten Kinder in dieser Situation überfordert, weil sie sowieso schon genug damit zu tun haben, mit all dem Neuen ins reine zu kommen.

Die Innigkeit zwischen Mutter und Baby wird nicht nur für manchen Vater zum Problem – auch die Geschwister fühlen Eifersucht.

Da heißt es, ganz genau hinhören, sich hineinfühlen in so eine eifersüchtige Kinderseele

Nicht alle Eifersucht löst sich so schnell auf wie bei Berni. Er hatte ein Schwesterchen bekommen und veränderte sich immer mehr. Früher lustig und lebhaft, wurde er jetzt ganz still, in sich gekehrt, war nicht mehr fröhlich, hing unleidlich in der Gegend rum. Sein Vater zeigte viel Stolz und Freude über das neue Mädchen, alle Besucher sahen nur die niedliche Kleine.

Der Junge fühlte sich an die Wand gedrängt, abgeschoben, quengelte und heulte viel. Er war aber schon so groß, daß es irgendwann aus ihm herausplatzte:
„Ihr habt mich ja alle nicht mehr lieb!" Die Eltern verstanden das Signal. Sie reagierten nicht mit bloßen Erklärungen, sie spürten, der Junge braucht jetzt ganz intensive Zuwendung. Sie behandelten ihn künftig nach dem Grundsatz:

Die Großen brauchen meist mehr Zuwendung als das kleine Geschwisterchen, denn die Kleinen bekommen im Tagesablauf ohnehin genug Zärtlichkeit und Zuwendung ab

Die Babys sind natürlich auch so niedlich, daß es ihnen gar nicht schwerfällt, Sieger zu sein. Sie schaffen das oft, ohne daß es den Eltern überhaupt bewußt wird.

Ein kleines Krabbelkind bewegt sich zur Freude aller flink durch das Zimmer, und sein größtes Vergnügen, der größte Anreiz ist, dem älteren Bruder in der Ecke die Bauwerke zu zerstören. Der tobt, schon wieder ist die Burg, die er mit Mühe gebaut hat, hin. Aber die Eltern nehmen natürlich wieder einmal die Kleine in Schutz. Die wisse doch gar nicht, was sie da getan hat, er soll doch nicht so sein, als „Großer" müsse er eben vernünftig sein.

Wenn die Eltern wüßten, wie das bei ihrem Jungen ankommt, wie unverstanden er sich fühlt, wie traurig er ist! Am Ende

Alles dreht sich nur noch um das Baby. Man kann tun und lassen, was man will: Alle Aufmerksamkeit hat das Baby!

verliert er überhaupt jede Lust am Spielen. Fazit: Die größeren Kinder brauchen ihren Freiraum, in dem sie ungestört spielen können.

Die Großen haben es schwer. Eigentlich sind sie ja gar nicht groß, es kam nur ein Kleines nach

Das krabbelnde Kleinkind erstürmt mit Jubel die Bauwerke des Größeren. Grund zur Wut?

Eltern müssen aufpassen, daß sie ihre Großen nicht zu Unrecht immer als Sündenböcke hinstellen, sonst festigt sich die Eifersucht, es kommt zum ständigen Kleinkrieg zwischen den Kindern.

Oberflächlich betrachtet wirken die Szenen oft ganz harmlos, aber wenn man genauer hinschaut, bekommt man ein anderes Bild.

Die Mutter sitzt am Boden im Wohnzimmer, alles ist friedlich. Da kommt das acht Monate alte Töchterchen angekrabbelt, klettert auf Mamas Schoß und macht ganz zärtlich Schmusebäckchen.

Der dreijährige Bruder spielt intensiv in der Ecke, bekommt aber die Zärtlichkeit der beiden ganz genau mit. Eigentlich hat er hier etwas sehr Wichtiges zu tun, das Polizeiauto ist nämlich gerade auf der Fahrt zu einem Einsatz verunglückt, Hilfe ist dringend nötig. Aber da läßt er dann doch plötzlich die ganze Polizei liegen, rast auch auf Mamis Schoß. Ein bißchen ungestüm zwar, aber nicht mit Absicht, die Kleine wehrt sich und schreit.

Die Kleinen haben es leichter. An allem sind immer die Großen Schuld

Was geschieht: Die Mutter tröstet das Schwesterchen liebevoll und schimpft mit dem Jungen. Sie hatte nicht erkannt, daß ihren Großen plötzlich die Eifersucht gepackt hatte. Hätte sie gelassen reagiert, hätte sie die stürmische Aktion verstanden und beide in den Arm genommen, wäre alles in Ordnung gewesen.

So zahlte er es der Schwester auf seine Weise wieder heim, er puffte sie in der nächsten Stunde, sooft es nur ging. Daß er dafür wieder viele Rüffel von seiner Mutter einstecken mußte, störte ihn dabei nur wenig.

Zum Glücklichsein gehört die ungeteilte Zuwendung der Mutter - „Nicht stundenlang, aber intensiv!"

Wann hört der Trotz denn endlich auf?

Erziehungsstile ändern sich, müssen das, weil ja auch unsere Lebensbedingungen ständig im Wandel sind. Die Erziehung paßt sich den neuen Bedingungen an.
Außerdem bekommen wir durch die wissenschaftlichen Untersuchungen, die immer mehr werden, ein viel differenzierteres Bild von der Entwicklung eines Kindes. Auch das hat Einfluß auf den Erziehungsstil.

So sah man beispielsweise vor ein, zwei Generationen das Trotzalter ganz anders als heute.
Damals, in einer durch und durch autoritär geprägten Umwelt, reagierte man natürlich auch autoritär auf die Phase, in der Kinder ihren Willen entdecken. „Den Willen brechen!" war die Erziehungs-Devise. Den eigenen Willen wollte man damals seinem Kind schon rechtzeitig austreiben, wenn nötig mit Gewalt.

Je mehr ein Kind der Umwelt seinen Willen beweisen muß, desto länger dauert die Trotzweise.

Eigener Wille war nicht sehr gefragt, er galt bei Kindern als etwas durch und durch Böses

Aber nun mal ganz ehrlich, hängt nicht bei vielen von uns noch irgendwo im Kopf versteckt ein klein bißchen Angst, dem Willen könnte doch vielleicht etwas Negatives anhaften. „Der setzt seinen Willen durch!" – „Der hat einen starken Willen!" solche Sätze rufen manchesmal ambivalente Gefühle hervor.
Ganz besonders aber, wenn es sich um kleine Kinder handelt. Etwa, wenn sich in einem Kaufhaus ein Zweijähriges in einem Trotzanfall schreiend auf den dreckigen Boden wirft, weil es unbedingt alleine laufen will und überhaupt nicht in seine Karre mag. Was würde da wohl eine TED-Umfrage ergeben?
Vielleicht doch über 60 Prozent fürs Hinternverhauen, um dem Kind zu zeigen, wo es langgeht?
Da sind wir jetzt mitten drin im Trotz: Für die Mutter des schreienden Kleinen wäre es am leichtesten, wenn sie ihr Kind im Wagen durch die Gänge schiebend, mal hier und mal da zum

Schauen anhalten könnte, dann wäre sie auch bald wieder draußen.

Das Kind, gelangweilt und zur Passivität gezwungen, sieht den Betrieb rundum. Da gibt es so ungeheuer viel interessante Dinge, die es gerne näher in Augenschein nehmen würde.

Leider steht der Wunsch des Kindes im Gegensatz zur Realität. Ein kleines Kind kann nun mal nicht in übervollen Kaufhausgängen herumlaufen und anfangen, mit den interessanten Dingen zu spielen, alles zu untersuchen.

Dieser Konflikt, etwas zu wünschen, zu wollen, was nun gerade nicht geht, löst bei Kindern im Trotzalter sehr häufig einen Wutanfall aus

Sie rasten aus, weil sie ihren Wunsch, ihren Willen, nicht umsetzen können. Weil sie damit scheitern.

Erwachsene sind bei solchen kindlichen Trotzanfällen oft der Meinung, das Kind wolle sie ärgern, tyrannisieren. Aber darum geht es Kindern in diesem Alter nicht. Sie geraten nur deshalb in Rage, weil sie ihre Wunschvorstellung mit der Wirklichkeit nicht übereinkriegen. Egal, ob es ihnen beim Spielen darum geht, ein besonders hohes Bauwerk zu schaffen und ihre Pläne aus statischen Gründen scheitern, ob es um das Eis geht, das man ihnen vor dem Mittagessen verweigert, oder ob man sie im Winter nun wirklich nicht unter das Tauwasser aus der Regenrinne läßt.

Wieso kommt es gerade jetzt, im zweiten und dritten Lebensjahr so oft zu solchen schwierigen Situationen?, kann man fragen. So etwas passiert doch immer und überall?

Hier verhält es sich anders: Die kleinen Kinder haben gerade krabbelnd und laufend ihre Umwelt entdeckt, sind immer mobiler und sicherer geworden, nun geht das Pensum weiter. Sie werden jetzt kreativ in dem, was sie tun, sie werden schöpferisch. Und außerdem beginnen sie jetzt langsam, Pläne zu machen, sich etwas Bestimmtes vorzunehmen.

Der erwachende Wille peilt Ziele an, die aber nicht immer realistisch sind.

Ihr Wille, einen Vorsatz durchzuziehen, bildet sich aus

Ein toller Fortschritt, aber wie das so ist, mit jedem Fortschritt muß man erst langsam umgehen lernen.

Das ist beileibe nicht immer leicht – für alle Beteiligten -, es ist aufregend und schwierig, wenn die Kinder plötzlich ihren Willen spüren, wenn ihr Autonomiestreben wach wird. Leicht verständ-

Sie wollen hoch hinaus, wenn sie den eigenen Willen entdecken. Von der Umwelt wird jetzt Geduld verlangt, denn der kleine Eroberer ist zu jedem Risiko bereit.

lich also, daß es da zu Kollisionen mit der Umwelt kommt, besser gesagt zu Trotzanfällen.

Bei solchen Gefühlsausbrüchen können kleine Kinder regelrecht ausflippen. Oft nehmen sie dabei ihre Umwelt nicht mehr wahr und sind vollkommen unansprechbar. So einen normalen Trotzanfall, wenn ein Kind schreiend mit den Füßen aufstampft, kennt jeder. Aber manches trotzende Kind kann sich da noch ganz schön steigern. Es wirft sich auf den Boden und schlägt mit Armen und Beinen um sich. Die Kinder schreien dabei in ziemlich hohen, schrillen, sehr nervenden Tönen. Es gibt auch Kinder, allerdings ist das selten, die die Luft anhalten, bis sie blau anlaufen und umkippen oder bis sich Schaum vor ihrem Mund bildet.

Ein Kind in so einem Zustand zu erleben, ist für Eltern schrecklich. Kein Wunder, wenn sie da völlig hilflos oder verunsichert sind.

Sollen sie nun mit strengen Maßnahmen reagieren, versuchen, kurzen Prozeß mit diesem Theater zu machen und ihre Autori-

tät zeigen, oder sollen sie des allgemeinen Friedens wegen nach-
geben?
Weder das eine noch das andere ist ratsam.

Strenge Maßnahmen, das heißt Strafen, bringen im Umgang mit einem trotzenden Kind keinen Erfolg, sie bewirken eher das Gegenteil

Und immer nachzugeben, dem Kind alles zu erlauben, ihm nie
Grenzen zu setzen, das wäre zwar einfach und bequem, man
hätte im Augenblick seine Ruhe, aber das Kind würde in der
Meinung aufwachsen, alles ist möglich, alles ist erlaubt. Ein
Piepser, und ich bekomme alles.
Im Zusammenleben mit anderen ist es nun mal nötig, daß man
gewisse Grenzen akzeptiert. Begrenzungen, Einschränkungen
hinzunehmen ist oft frustrierend. Es ist ein schweres Pensum
für die Kinder, das zu lernen. Mit der Zeit schaffen sie es immer
besser, mit Frustrationen klar zu kommen, sie zu ertragen. Die
großen Gefühlsausbrüche werden seltener.
Die Stärke der Trotzanfälle ist unterschiedlich. Einmal scheint
der Verlauf dieser Phase vom Temperament des Kindes ab-
zuhängen, zum anderen von der Reaktion seiner Umwelt. Wenn
man ihm nur dann Grenzen setzt, wenn es unbedingt nötig ist,
seine Aktivität nicht dauernd bremst, dann scheint die Frustra-
tionstoleranz größer zu sein, die Fähigkeit, mit Beschränkungen
fertigzuwerden, wächst.

*Begrenzungen machen wü-
tend. Nicht zu oft das Kind
begrenzen - nur im Notfall! -
sonst läßt die Wut nicht nach.*

Auf einen einfachen Nenner gebracht: Je mehr Zwängen ein Kind unterworfen ist, um so mehr wird es trotzen. Und je mehr ich einfach nur um des Verbietens willen das Kind bremse, um so mehr wird es aufbegehren

Mit etwas Geschick ist es in vielen Situationen möglich, einen
Trotzanfall zu verhindern. Benjamin spielt mit seinem Bauern-
hof, er hat mächtig zu tun, da ruft ihn seine Mutter: „Komm, wir
müssen gehen." Benjamin will nicht, wehrt sich, die Mutter
schimpft, wird böse. Beim Einkaufen zieht sie ein widerstreben-
des, störrisches und heulendes Kind hinter sich her. Es wird ein
Horrortrip. Als sie endlich wieder zu Hause sind, sind beide erle-
digt, Benjamin haßt für diesen Nachmittag seine Mutter. Was
war passiert? Der Junge hatte gerade, bevor er gehen sollte, damit begonnen, sein Vieh rauszutreiben. Der Zaun war neu und
schön gerichtet, die Tiere waren unterwegs auf die Weide. Nun

mußte er sie in dieser gefährlichen Situation allein lassen. Welcher Bauer tut das gern? Hätte die Mutter eine Viertelstunde vorher angekündigt, wir müssen bald gehen, wäre der Nachmittag sicher zu retten gewesen. Benjaminn hätte seine Kühe in Sicherheit bringen können.

Zum großen Theater kommt es in den meisten Familien dann abends, wenn die Kinder aufräumen sollen. Alles ordentlich an seinen Platz. Da ist für manche Kinder die Arbeit eines ganzen Tages dahin, sie hätten am nächsten Tag gerne weitergespielt. Wie viele mühsam und phantasievoll erbaute Brücken, Gleise, Autobahnen müssen um der Ordnung willen abgebrochen werden, wo es doch so viel Arbeit war, sie aufzubauen.

Kein Wunder, wenn ein Kind in solchen Situationen ungute oder aggressive Gefühle gegenüber seinen Eltern entwickelt.

Liebe und Haß liegen in dieser Entwicklungsphase besonders nahe beieinander

Eltern sollten darauf nicht gekränkt und beleidigt reagieren, ihr Kind kommt eben momentan mit seinen Gefühlen nicht zurecht. Gerade in dieser schwierigen Zeit brauchen Kinder ganz besonders das Gefühl der Geborgenheit und der Zuneigung. Sie müssen sich geliebt fühlen, auch wenn sie sich manchmal so schlimm gebärden. Das ist wichtig für sie.

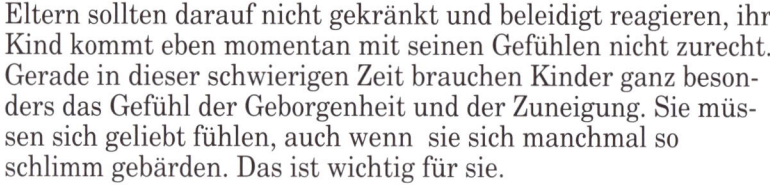

Nun sind noch zwei wichtige Fragen zu klären. Die erste lautet: Wann beginnt das Trotzalter, wie lange dauert es, wann ist es vorbei? Die andere: Was tut man am besten, wenn ein Kind gerade einen Trotzanfall hat?

Im Durchschnitt beginnt das Trotzalter, wenn die Kinder ungefähr achtzehn Monate alt sind. Es gibt aber viele Kinder, die schon mit sieben oder acht Monaten ganz deutliche Trotzanfälle bekommen, sie schreien richtig zornig, bekommen einen roten Kopf und lassen sich weder durch gutes Zureden noch durch Zärtlichkeiten beruhigen. Sie schreien aber nicht, weil ihnen etwas fehlt, sondern ausschließlich deshalb, weil sie ihren Willen nicht bekommen. Daß das schon Trotz sein soll, können sich viele Eltern nur schwer vorstellen, sie meinen dann, das Kind sei ein jähzorniger Typ und machen sich Sorgen, daß das auch künftig so bleiben wird.

In den meisten Fällen läuft das Trotzalter in Phasen ab. Zeiten mit erhöhter Trotzbereitschaft wechseln mit Zeiten, in denen die Kinder ganz friedlich und umgänglich sind. Das Ende des Trotzalters ist in der Regel kurz vor Beginn des dritten Geburtstages erreicht. Dann ist die Entwicklung des Kindes nämlich so weit fortgeschritten, daß es auch damit fertig wird, wenn mal etwas nicht nach seinem Kopf geht.

Behält das Kind auch nach dem dritten Geburtstag seine Neigung zu Trotzanfällen bei, dann sollte man davon ausgehen, daß es gelernt hat, etwas mit seinen Anfällen zu erreichen, und sie nun ganz zielbewußt einsetzt: Bekommt es nicht, was es will, so schreit es, wirft sich auf den Boden und strampelt mit den Füßen – kurzum, es spielt seinen Eltern einen Trotzanfall vor.

Die Ursache für diesen „fixierten Trotz", wie das die Psychologen nennen, ist gewöhnlich schnell auszumachen. Die Eltern haben falsch auf die Trotzanfälle reagiert, haben sich durch sie dazu verleiten lassen, gegen ihren Willen nachzugeben. Sie haben sich durch das mörderische Geschrei das Kindes und seine Bockigkeit erpressen lassen. Sie haben zum Beispiel im Supermarkt erst gesagt: Nein, du bekommst keine Schokolade! Und dann doch welche gekauft – meist aus dem verständlichen Wunsch, endlich nicht mehr im Mittelpunkt des allgemeinen Interesses zu stehen!

Damit ist nun schon sehr viel zur Beantwortung der zweiten, noch ausstehenden Frage gesagt, nämlich der Frage, wie man am besten auf die Trotzanfälle reagiert. Eines ist bereits klar:

Um Himmels Willen sich nicht erpressen lassen! Nichts tun, was man nicht für richtig hält, nur weil das Kind schreit

Wir sollten uns immer wieder ins Bewußtsein rufen, daß ein Kind im normalen Trotzalter seinen Anfall nicht bekommt, um damit etwas zu erreichen, sondern weil es innerlich mit der Situation nicht fertig wird, daß etwas nicht so läuft, wie es sich das erhofft oder erwünscht hat. Die Ursache des Trotzanfalles ist Fassungslosigkeit, Hilflosigkeit, Unfähigkeit, mit einer Enttäuschung fertigzuwerden. Wer das eingesehen hat, wird gar nicht erst auf die Idee kommen, ein trotzendes Kind zu schimpfen oder gar zu schlagen. Das würde nämlich auch nicht das ge-

Nach dem Trotzanfall, wie ausgewechselt! Wir begreifen kaum, was da abgelaufen ist. Aber noch weniger begreift es das Kind.

ringste nützen. Im Gegenteil, das Kind würde nun völlig hilflos und verwirrt sein, weil es zu seinem vorherigen Streß auch noch erleben muß, daß die Mutter mit ihm böse ist.

Zu berücksüchtigen ist auch noch, daß Kinder während des Trotzanfalles gar nicht richtig bei Sinnen sind. Ihre Fähigkeit, die Umwelt wahrzunehmen, ist deutlich eingeschränkt, wie psychologisch-medizinische Tests ergeben haben.

Deshalb ist es das entschieden Vernünftigste, einfach abzuwarten, bis das Kind ausgetrotzt hat

Allerdings sollte man unbedingt bei ihm bleiben.
Da manche Kinder im Trotzanfall heftig um sich schlagen, kann es sinnvoll sein, ein bißchen auf Distanz zu gehen.
Also einfach in der Nähe stehenbleiben, gar nichts sagen und einfach abwarten.

Natürlich kann es vorkommen, daß ein Kind so einen Anfall mitten auf einer Kreuzung bekommt – dann bleibt nichts anderes übrig, als es auf den Arm zu nehmen und über die Straße zu tragen.
Auch wenn es noch so protestiert und um sich schlägt.

Nicht nachtragen, nicht vorhalten, sondern aushalten! Eines Tages ist der Spuk vorüber.

Und was macht man mit den Kindern, die so lange die Luft anhalten, bis sie blau sind und umfallen?

Sofort zum Arzt?
Zum Glück besteht auch bei ihnen kein Grund zur Sorge, denn im selben Augenblick, in dem sie bewußtlos werden und umfallen, setzt ihre Atmung automatisch wieder ein. Sollte man es wirklich mal für nötig halten, kann man mit einem kalten, nassen Waschlappen, den man dem Kind auf die Stirn legt, auch noch etwas nachhelfen.

67

Schwieriger ist es da schon, mit jenen Kindern richtig umzugehen, die im Trotzanfall anfangen, ihren Kopf rhythmisch auf den Boden oder gegen die Wand zu schlagen – auch wenn die noch so hart ist.

Sie fühlen dabei offenbar kaum Schmerz, was auch ein deutlicher Beweis für die eingeschränkte Empfindungsfähigkeit während des Trotzanfalles ist.

Würde man ein solches Kind nun jedesmal sofort auf den Arm nehmen, dann würde es wahrscheinlich sehr schnell lernen, daß es mit seinem Kopfschlagen die Mutter hervorragend erpressen kann. Wenn sie ihm schon nicht gibt, was es will, so nimmt sie es immerhin sofort auf den Arm.

Mancher Trotzkopf ist regelrecht von Sinnen und weiß gar nicht so recht, was er gerade anstellt.

So ein Lerneffekt wäre auf die Dauer nun wirklich nicht gut. Andererseits kann man aber auch nicht tatenlos einfach zusehen, wie das Kind mit seinem Kopf auf den Boden hämmert. Was tun?

Der beste Kompromiß ist da noch folgender: Innerhalb der Wohnung das Kind von der harten Unterlage auf einen weichen Teppich bringen. Oder ihm irgendein dämpfendes Kissen unter den Kopf schieben – viele Kinder akzeptieren das. Draußen auf der Straße bleibt allerdings wirklich nichts anderes übrig, als das schreiende, tobende Kind auf den Arm zu nehmem und mit ihm wegzugehen.

Man sollte ihm dann durch ein möglichst ruhiges und sicheres Verhalten – was gewiß nicht einfach ist – zeigen, daß man in der Lage ist, diesen Trotzanfall auszuhalten.

Wenn das Kind gelernt hat, seinen Willen zu dosieren – also Kompromisse zu schließen, ist das Trotzalter ausgestanden.

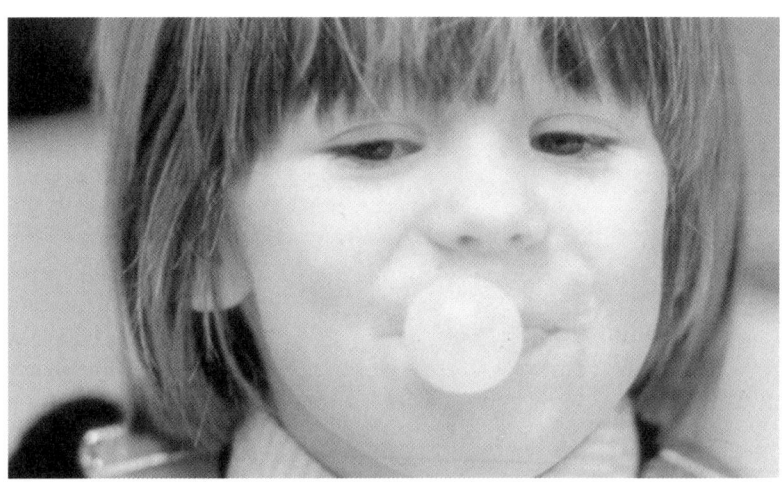

Sogar ums Essen gibt es Streit

„Meine Tochter will nicht essen. Jede Mahlzeit ist bei uns eine Tortur, meistens macht sie nicht einmal den Mund auf, oder sie spuckt alles wieder aus. Nach diesen vergeblichen Versuchen sehen wir beide meistens schrecklich aus, von oben bis unten bekleckert. Wenn das so weitergeht, weiß ich nicht, was ich tun soll. Ich werde schon vor dem Essen nervös und gereizt. Das Kind muß doch essen!"

Viele Mütter leiden darunter, weil ihr Kind nicht essen will, und es kommt zu richtigen Machtkämpfen. Aber in diesen Kämpfen hat die Mutter eindeutig die schlechteren Karten. Man kann ein Kind nämlich nicht zum Essen zwingen. Es kann sich weigern, den Mund aufzumachen, es kann sich weigern zu schlucken. Notfalls kann es das Essen wieder ausspucken, manche beherrschen sogar die Kunst, sich hinterher zu übergeben.

Wenn ein Kind sich nicht füttern läßt, ist das eine große Enttäuschung für die Mutter. Ein Kind zu füttern, das ist eine besonders liebevolle Form der Fürsorge. Jede Mutter ist glücklich und zufrieden, wenn es ihrem Kind schmeckt. Dann fühlt sie sich als gute Mutter bestätigt.

Weigert sich ein Kind zu essen, kann das ganz schön verunsichern

Als Mutter hat man oft eine falsche Vorstellung davon, wieviel ein Kind eigentlich braucht.

Häufig sind die angeblich schlechten Esser ganz normal entwickelt. Sie sind nicht öfter krank als andere, und sie liegen in Größe und Gewicht innerhalb der Norm. Offenbar bekommen diese Kinder alles, was ihr Körper braucht. Verwerten sie besser? Essen sie doch mehr, als die Mutter sich bewußt macht? Rechnet sie wirklich alles zusammen, was ihr Kind so zwischen den Mahlzeiten verdrückt? Hier eine Brezel, da eine Banane, eine Scheibe Wurst in der Metzgerei, einen Keks beim Bäcker und von der Oma noch einen Riegel Schokolade. Da läppert sich oft ganz schön was zusammen. Und was für uns ein Nebenbei ist, ein Joghurt, ein Glas Milch, ein Apfel, eine Banane – für ein kleines Kind ist das ja fast schon eine ganze Mahlzeit.

Zur Beruhigung: Kinder essen so viel, wie ihr Körper braucht

Bei Experimenten von Ernährungswissenschaftlern stellte sich immer wieder heraus, daß Kinder, denen man freie Hand beim Essen läßt, sich genau das auswählen, was ihr Körper braucht. Es ging dabei natürlich um gesunde Kost und nicht um Schokoladeriegel und Bonbons. Vorübergehende Einseitigkeiten werden von den Kindern meist innerhalb kurzer Zeit ausgeglichen. So schwer es sein mag, das zu glauben, die Untersuchungen belegen es.

Das heißt, man kann ruhig damit aufhören, seinem Kind Essen aufzudrängen. Statt dessen sollte man ihm die Freiheit lassen, bei den Mahlzeiten so viel oder so wenig zu essen, wie es will. Wenn der Kinderarzt bestätigt, alles O.K., sollte man das Thema streichen.
Und was wir manchmal vergessen: Kleine Kinder haben noch viel mehr und viel empfindlichere Geschmacksnerven als wir Erwachsene. Spinat zum Beispiel kann nie ihre Lieblingsspeise werden, er ist für sie schrecklich bitter. Erst wenn im Lauf der Jahre viele Geschmacksnerven abgestorben sind, wird er erträglich.

Damit essen nicht zum Machtkampf verkommt, soll es Spaß machen und schmecken. Spinat würde kein Kind freiwillig auf die Speisekarte setzen.

Andere Kinder sind schon längst sauber

Warum machen es sich die Mütter so schwer? Ist es die Umwelt, die sie herausfordert, ihr Kind so früh wie möglich zur Sauberkeit zu erziehen, oder ist es der eigene Ehrgeiz, der sie anstachelt? Sind es die Bemerkungen wie: „Mein Kind war aber schon mit eineinhalb sauber!" oder wollen Mütter endlich einen sichtbaren, vorzeigbaren Erziehungserfolg? Geborgenheit und Sicherheit, die man seinem Kind vermittelt, sind nicht so ohne weiteres vorzeigbar, aber die Tatsache: „Mein Kind ist Tag und Nacht sauber!" das ist eine Trumpfkarte.

Dabei hat das Sauberwerden eines Kindes nichts mit guter oder schlechter Erziehung zu tun, das Sauberwerden ist ein Reifungsprozeß. Je geduldiger und ruhiger der abläuft, um so besser ist es für ein Kind. Aber nicht nur für das Kind, sondern auch für die Mutter-Kind-Beziehung.

In der Generation unserer Großeltern hatte ein Kind so früh wie möglich sauber zu werden, wenn möglich schon mit einem Jahr. Die Kleinen wurden stündlich auf den Topf gesetzt, mußten darauf sitzen bleiben, bis die Sitzung Erfolg hatte. Bis es endlich so weit war, vertrieben sie sich die Zeit mit Spielen und hatten meistens eine tolle Technik entwickelt, samt Topf durch die Gegend zu rutschen. Warum und weshalb das so war, da hatten sie nicht den geringsten Durchblick, nur, daß sie ihrer Mutter eine große Freude damit machten, wenn endlich etwas im Topf war, das merkten sie, mehr auch nicht.

Es war ein reiner Dressurakt. Zugegeben, er klappte in den meisten Fällen (keineswegs immer), aber wir halten heute alle nichts mehr davon, unsere Kinder zu dressieren. Natürlich muß man dabei auch bedenken, daß es noch keine Wegwerfwindeln gab, keine Waschmaschinen und auch keinen findigen Windeldienst und daß die Mütter auch heilfroh waren, so früh wie möglich den Windelberg loszuwerden.

Wir wissen heute, daß das Sauberwerden für jedes Kind eine ziemlich bedeutende Angelegenheit ist. Es geht hier nämlich um den ersten eigenen wichtigen Entschluß in seinem Leben, um den, jetzt groß werden zu wollen. Und zum Großsein gehören keine Windeln mehr. Zum „Großsein" sollte man deshalb kein Kind drängen, man sollte ihm Zeit zum Reifen geben.

Der gut alte „Topf" hat
Generationen entzweit und
tut es heute noch.

Viele Eltern glauben es nicht und sind schwer davon zu überzeugen, daß dann aus der Sauberkeitserziehung kein Machtkampf, keine große Affäre wird, sondern alles schnell und kampflos über die Bühne geht.

Wenn man von einem Kind etwas verlangt, wozu es noch nicht bereit ist, noch nicht reif ist, gibt es zwei Möglichkeiten. Entweder strengt es sich aus Liebe zu seiner Mutter an, um ihr den Gefallen zu tun und den Forderungen nachzukommen. Es lernt so aber, daß es wohl am besten ist im Leben, seinen eigenen Willen zu vergessen, zu begraben.
Die andere Möglichkeit, es macht stur in die Windelhose und in sein Bett. Da hilft kein Schimpfen, kein Strafen, und auch das versprochene Geschenk ändert die Situation nicht. Manche Kinder entwickeln sogar eine enorme Ausdauer darin, ihr großes Geschäft über längere Zeit hin zu verweigern, so nach dem Motto: „Schaut nur her, ihr könnt mich nicht zwingen!"

Da hat sich dann bald ein Machtkampf installiert, der die Fronten verhärtet und oft das Familienklima drückt. „Ich weiß nicht mehr weiter, wir haben schon alles probiert, geschimpft, bestraft, nichts hilft." Aus diesem Kreislauf versuchen manche Mütter herauszukommen, indem sie ihrem Kind tagsüber und in der Nacht keine Windeln mehr geben. Sie meinen, das würde ihr Kind motivieren, sauber zu werden und sind maßlos enttäuscht, wenn es so auch nicht klappt. Windel ja oder nein, das hat meist überhaupt keinen Einfluß darauf, ob ein Kind sauber wird.

Es ist nicht die Windel, die ein Kind verleitet, sein Geschäft, weil es bequemer ist, einfach laufen zu lassen. Die Windel bleibt trocken, wenn das Kind reif dazu ist. Genausowenig hilft es auf der anderen Seite, die Windel bei einem Kind, das noch nicht so weit ist, wegzulassen, denn auch eine total durchnäßte Hose stört die meisten Kinder überhaupt nicht.

Alles Drängeln, alles übertriebene Forcieren, aller Druck und Zwang ist in der Sauberkeitserziehung schlecht. Aber wann ist es denn nun soweit, daß man behutsam damit bei seinem Kind anfangen kann? Die meisten Kinder werden heute im Laufe des dritten Lebensjahres sauber, eher gegen Ende als zu Beginn. Mindestens ein Drittel der Kinder schafft es erst im vierten Lebensjahr. Im allgemeinen lassen sich Jungen etwas mehr Zeit. Hat aber nun mal die Sauberkeitserziehung zu einem Machtkampf geführt und hat sich die angespannte Situation hochgeschaukelt, dann hilft es nur, das Thema zu vertagen, Waffenstillstand zu schließen und seinem Kind ohne Groll, ohne stummen Vorwurf wieder Windeln zu geben und ganz in Ruhe abzuwarten. Vor allem aber kein Thema mehr daraus zu machen, dem Kind zeigen: Das können wir in Ruhe abwarten.

Auch wenn ein Kind, das schon sauber war, plötzlich rückfällig wird, darf das kein Grund zur Panik sein. So etwas ist keineswegs Schuld des Kindes und von ihm auch nicht steuerbar. Eine Belastung, mit der es nicht fertig wird, kann schuld sein. Eine schwierige Familiensituation, Krach der Eltern, ein Geschwisterchen, das angekommen ist, ein Umzug zum Beispiel. Den Grund muß man versuchen herauszufinden und seinem Kind helfen, wieder in sein seelische Gleichgewicht zu kommen.

Je mehr Zwang und Druck man auf sie ausübt, um so stärker wird der Gegendruck, die Abwehr. Und wenn ein Kind einmal heraus hat, die Eltern können mich wohl auf den Topf zwingen, aber nicht dazu, da auch hineinzumachen, dann erkennen sie instinktiv ihre Macht.

Zwang und Druck der Eltern verstärken die Gegenwehr des Kindes.

Früher hieß es dann, man müsse jetzt den Willen des Kindes brechen, ihm zeigen, wer hier zu sagen hat usw., aber mit diesen Methoden schürte man nur den Gedanken an Revanche im Kind: Euch zahl ich das heim! Liebe und Vertrauen konnten da nicht wachsen.

Also ist es besser, Machtkämpfe zu vermeiden und auf Verständniskurs zu gehen. „Wenn du noch nicht auf die Windel verzichten willst, gut, warten wir eben noch."

Es ist nicht zum Aushalten: Quengel-Arie den ganzen Tag

Kinder brauchen Beachtung, Zuwendung, das ist klar, daran zweifelt niemand. Aber die einen meinen es zu gut damit, andere haben im täglichen Streß nur Zeit für oberflächliche Zuwendung. Hier das richtige Maß zu finden, damit sich die Kinder wohlfühlen, das ist gar nicht so leicht.

Stefan soll in den Kindergarten kommen, voll Freude geht er, aber nach einigen Tagen weigert er sich, er will nicht mehr hin, nie mehr. Was war passiert? Nichts! Eben gar nichts. Stefan fand dort keine große Beachtung, er war nur ein Kind wie jedes andere auch, das hatte ihn geschockt. Bis dahin war er es gewöhnt, überall der Star, der Mittelpunkt zu sein. Er war gewöhnt, daß alles, was er tat, Beachtung fand, bejubelt wurde. Einer unter anderen zu sein, das vertrug er nicht.

Ein Übermaß an Zuwendung gibt dem Kind das Gefühl, daß die Probleme von „außen" lösbar sind.

Seine Eltern und die Verwandtschaft hatten sich schrecklich über seine Geburt gefreut, und alle waren nur zu gern bereit, ihm das Leben so schön wie nur möglich zu machen. Dauernd wurde mit ihm gespielt, er wurde herumgetragen, mit Beachtung und Zuwendung überschüttet.

Stefan wurde ein lustiger, wunderbarer Star. Kam Besuch, drehte sich alles nur um ihn. Nur wenn sich kurze Zeit niemand um ihn kümmerte, sich niemand mit ihm beschäftigte, dann quengelte er gelangweilt, unleidlich in der Gegend rum.

Dieses Übermaß an Zuwendung war von allen lieb gemeint, aber zuviel des Guten. Es wird etwas Mühe und Anstrengung kosten, bis Stefan allmählich auch ohne ständige Beachtung und Zuwendung mit sich etwas anfangen kann, bis er sich nicht sofort langweilt, wenn sich niemand mit ihm beschäftigt.

Aber wie ist es mit der kleinen Franziska, die den ganzen Tag unzufrieden rumknatscht? Sie ist doch dauernd eng bei der Mutter. Stimmt, sie hängt von morgens bis abends am Rockzipfel oder Hosenbein, aber die Mutter ist ständig beschäftigt. Redet, arbeitet über den Kopf von Franziska hinweg, reagiert gereizt auf ihr Quengeln, schiebt ihr schon mal eine Tüte Gummibärchen hin oder steckt ihr die Teeflasche in den Mund. Dann gibt das Kind eine Weile Ruhe, bis es erneut mit seiner Quengel-Arie beginnt.

Franziskas Quengeln heißt übersetzt: „Nun hab doch endlich mal richtig Zeit für mich, kümmere dich doch mal intensiv um mich!" Es kommt nämlich nicht darauf an, sich einem Kind ständig zuzuwenden, sondern sich einige Zeit ausschließlich mit ihm zu beschäftigen, ihm zu zeigen, jetzt bin ich eine Weile nur für dich da. Auf die Qualität der Zuwendung kommt es an. Es reicht nicht, sich nur am Rande ein bißchen mit dem Kind zu beschäftigen.

Lieber das Kind immer mal wieder mit Zuwendung volltanken – das muß gar nicht lange dauern –, dann ist es viel eher in der Lage, wieder eine Weile allein zurechtzukommen.

Dabei ist es manchmal schwierig, das Kind nicht zu sehr hochzupuschen. Sonst ist es zu aufgedreht und kommt lange Zeit nicht mehr zur Ruhe. Besonders nach wildem Spiel sollte man alles ein wenig ausklingen lassen und die eigene Aktivität des

Nicht dauernd, aber doch mindestens einmal am Tag möchte das Kind sich intensiv mit der Mutter oder dem Vater beschäftigen. Wenn es immer nur so mitläuft, wird es quengelig und stört, um Aufmerksamkeit zu finden.

Wenn es um Beachtung geht, ist Kindern jedes Mittel recht. Wenn sie keine positive Beachtung finden, dann lieber negative als gar nichts.

Kindes ankurbeln, damit es sich danach alleine beschäftigen kann.

Der Vater, der abends vor dem Schlafengehen noch schnell mit seinem Kind schrecklich herumtobt und dann plötzlich "Ab ins Bett!" befiehlt, provoziert in der Regel einen tränenreichen Abgang. Ein behutsamer Übergang ist eindeutig familienfreundlicher.

Jedes Kind braucht also eine bestimmte Menge an intensiver Zuwendung; geht diese im täglichen Einerlei oder vor lauter Streß total verloren, dann reagiert das Kind rasch auf den Mangel

Es fühlt sich in seiner Haut nicht wohl, es wird unleidlich. Ein kleines Kind hat ja noch keinen Durchblick, es kann nicht sagen: „Hört mal, mir fehlt eure Zuwendung."

Aber Kinder suchen sich schon Möglichkeiten, ihren Mangel abzureagieren. Viele provozieren dann eben durch quengeliges oder aggressives Verhalten und holen sich so die Zuwendung, die sie brauchen, die sie vermißt haben. Den Durchblick, daß das nicht die idealen Methoden sind, den haben sie nicht. Es ist ihnen auch gleichgültig, daß sie mit diesen Mitteln nur negative Reaktionen auslösen. Wenn es um Beachtung geht, ist ihnen jedes Mittel recht. Und selbst negative Beachtung ist ihnen erheblich lieber als gar keine.

So beginnt dann leider oft ein wenig erfreulicher Kreislauf. Ein Kind ist aggressiv, es benimmt sich schrecklich. Die Folge: Es wird ständig mit ihm geschimpft, vielleicht wird es sogar bestraft. Aber dadurch verbessert sich die Situation keineswegs, der Kreis dreht sich immer weiter. Keiner fühlt sich wohl. Aus diesem Kreis kann man nur ausbrechen, wenn man sich regelmäßig Zeit nimmt und intensiv seinem Kind zuwendet.

Und immer noch Daumen und Schnuller

Die zweijährige Sylvia hat vier Schnuller in ihrem Besitz, einen roten, einen blauen, einen weißen und einen rosafarbenen, der ist ihr Lieblingsschnuller. Abends müssen sie alle in ihrem Bett liegen, jeden Abend in einer anderen farblichen Reihenfolge. Ab und zu bekommen sie Namen. Großes Theater, wenn ein Schnuller unauffindbar ist. Tagsüber begnügt sie sich mit zweien aus der Reihe.
Die Oma hält sich mit ihren Bedenken, dem Kind müsse doch etwas fehlen, wenn es so viele Nuckel braucht, allmählich immer mehr zurück. Ist Sylvia ein Einzelfall?

Der Schnuller hat auch heute noch einen schlechten Ruf

Erst war es Sigmund Freud, dann waren es die Großmütter, zuletzt die Zahnärzte, die den jungen Müttern ein schlechtes Gewissen einredeten, wenn sie ihrem Kind zur Beruhigung einen Nuckel gaben. Die Kleinen tragen ihn heute zwar etwas offener, schick, demonstrativ hängt er an einer farbigen Sicherheitsnadel, aber Einigkeit herrscht nicht.

Ein Teil der jungen Mütter sagt sich, mein Kind ist mit dem Schnuller ruhig und zufrieden, also Schluß mit der Diskussion, es bekommt ihn. Aus! Andere haben diverse Vorbehalte, sind grundsätzlich dagegen, aber wenn ihr Kind sie mit seinem Schreien nervt, sind sie doch froh, wenn sie beide, Mutter und Kind, sich durch den Schnuller etwas Ruhe und Frieden einhandeln können. Diesen Müttern spürt man sehr oft die zwiespältige Haltung an: Ich wollte eigentlich eine perfekte Mutter sein und ohne Schnuller für mein Kind auskommen, und jetzt ist es leider doch passiert.

Aber es ist nun mal so, daß alle Kinder ein angeborenes Saugbedürfnis haben. Bei den einen ist es etwas größer als bei den anderen, aber für alle bedeutet das Saugen Wohlbehagen. Da geht es gar nicht immer um das Trinken, das Leben wird einfach angenehmer beim Saugen, der Kummer kleiner.

Das Saugen entwickelt sich zum Tröster in allen mißlichen Lagen

Es geht dem Kind nicht ums Trinken, wenn es sein Saugbedürfnis befriedigt.

Wenn der Bauch zwickt, wenn man nicht einschlafen kann und instinktiv Angst vor der unheimlichen Nacht hat, dann wird gesaugt. Aber Mutters Brust oder die Flasche ist nicht immer greifbar, und wo es sowieso beim Saugen um Trost, nicht um die Milch geht, ist der Schnuller das Mittel der Wahl.

Als Beweis dafür, wie selbstverständlich es ist, daß Kinder saugen wollen, werden gerne die Naturvölker strapaziert. Bei vielen von ihnen dürfen die kleinen Kinder auch ohne zu trinken, nur zur Beruhigung, an der Brust nuckeln. Gut, das geht in unseren Regionen nicht, aber auch wir wollen den Kindern den Nuckeltrost nicht verwehren.

Versuchen wir das doch, sind wir streng, gibt's keinen Nuckel, sind die kleinen Kinder sehr erfinderisch darin, sich ein anderes Objekt zu suchen, an dem sie saugen können. Das klappt auch ganz gut am Kissenzipfel, am Daumen, am Ohr des Schmusetiers oder an einer Stoffwindel.

Saugen ist eben ein angeborenes Bedürfnis, und um das zu befriedigen, finden sich immer und überall irgendwelche Möglichkeiten

Aber ewig kann das doch auch nicht gehen mit dem Schnuller? Jeder schaut doch etwas irritiert, wenn ein Vierjähriger noch den ganzen Tag mit seinem Tröster im Mund herumläuft.

Je kleiner Kinder sind, um so eher brauchen sie noch die Hilfe des Saugens, um sich wohlzufühlen, um sich zu trösten, um mißliche Lagen zu überwinden. Aber mit dem Älterwerden sollte bei ihnen die Fähigkeit wachsen, das immer besser auch ohne Hilfe zu schaffen. Mit drei Jahren sollte ein Kind den geliebten Schnuller nur noch in besondern Streßsituationen, bei großem Kummer und abends, wenn es vor lauter Müdigkeit mit dem Einschlafen nicht klappt, zu Hilfe nehmen.

Meistens reguliert sich das ganz von selbst, denn mit zunehmenden Alter werden Kinder immer aktiver, immer kreativer und sind zeitweise so damit beschäftigt zu „arbeiten", daß sie den Schnuller nicht mehr nötig haben, weil sie zufrieden sind bei ihrem Gewurle und ihn dabei total vergessen.

Schnullert ein Dreijähriges aber immer noch den ganzen Tag, dann muß man sich doch überlegen, was der Grund dafür sein könnte

Oft langweilt sich ein Kind ständig, hat nicht die nötige Anregung zum Spielen oder stößt an zu viele Grenzen und wird dadurch inaktiv, weiß nicht, was es tun soll. Oft spielt auch Eifersucht auf ein kleineres Geschwisterchen eine Rolle. Da muß man dann das Schnullern als Signal dafür nehmen, daß sich das Kind in seiner Haut nicht ganz wohlfühlt.

Als Tröster in der Not darf der Schnuller auch bei einem Dreijährigen noch herhalten, als ständiger Tröster müßte er passé sein, ausgedient haben.

In der Not darf der Schnuller noch trösten, aber allmählich sollte er überholt sein.

Das geht aber nur in den seltensten Fällen sang- und klanglos. Viele Eltern probieren es dann mit Druck, Verboten, Strafen oder Belohnungen.
Besonders beliebt: „Schenk deinen Schnuller doch dem Christkind" (Weihnachtsmann, Osterhasen...). Aus Angst vor der geheimnisvollen Autorität gehen viele Kinder tatsächlich darauf ein. Das hindert sie aber oft nicht daran, statt des Schnullers künftig den Daumen zu nehmen.

Auch die anderen Methoden reizen die Kinder oft nur, auf Ersatztröster umzusteigen. Belohnungen zu versprechen, führt häufig zur großen Enttäuschung, wenn das Kind es nicht schafft.

Einem dreijährigen Kind kann man durchaus sagen, daß es eigentlich nun zu alt für einen Schnuller ist. Braucht es ihn aber trotzdem noch häufig und nicht nur in Streßsituationen, dann könnte vielleicht doch ein Problemchen dahinterstecken.

Man könnte jetzt natürlich sagen: Wenn der Schnuller in Maßen gebraucht akzeptabel ist, dann gilt das sicher auch für die Teeflasche. Aber das stimmt nicht.

Nuckeln wird zur Gewohnheit und außerdem noch durch den Inhalt der Flasche belohnt. Der eigene Daumen hat längst nicht solche Qualitäten.

Zwischen dem Schnuller und der Teeflasche gibt es einige massive Unterschiede

Wenn ein außerirdisches grünes Männchen nach der Erkundung von der Erde berichten sollte, würde es ganz bestimmt erzählen, daß unsere kleinen Kinder alle Flaschen vor dem Mund haben. In der Tat – überall wo man hinschaut, sieht man Kinder mit der Teeflasche: im Sportwagen, im Autositz, im Sandkasten. Eine tolle Sache, dachte man am Anfang, als sie aufkamen. Die Technik hatte es möglich gemacht, so leichte unzerbrechliche Flaschen herzustellen. Schon Kleine können sie selber halten. Und außerdem kann man sie ruhig in der Gegend herumwerfen, ohne daß das gefährlich wird, ohne daß sie zerbrechen. Ein Segen für die Mütter also – dachte man.

Aber bei diesem Siegeszug haben wir alle doch einige wichtige Punkte übersehen.

Wenn ein Kind am Schnuller nuckelt, beruhigt es sich ausschließlich durch das Saugen. Bei der Teeflasche ist das anders, es saugt und bekommt dazu noch etwas. Einen wohlschmeckenden Tee, Saft, Kakao, das ist durchaus angenehm. Wenn man die Kleinen so mit der Flasche im Mund sieht, kommt einem leicht der Vergleich mit herrlichem, schläfrigen Müßiggang, Cocktail aus dem Strohhalm. Wohliges Nichtstun, kein Bock auf irgend etwas.

Gewiß, die Teeflasche ist ein wunderbares Beruhigungsmitel, ein Kind hört schnell auf zu quengeln, wenn man sie ihm gibt. Aber der Haken an der Sache ist, sie wird ganz schnell zur Gewohnheit.

Auf der Autofahrt zur Oma. Das Kleine verlangt seine Flasche. Im Lokal beim sonntäglichen Mittagessen: das Kind ist nur ruhig mit Flasche. Danach geht's endlich an die Luft, die Großen wollen stramm marschieren, aber das Kind will sich an den Wegrand setzen und spielen.
Also ab in die Sportkarre, auch da muß wieder die Flasche her, um das Geheule zu beenden. Was soll daran schlecht sein, könnte man fragen.

Ein Kind langweilt sich, es greift zu seiner Teeflasche, die Langweile ist verflogen!

Aber leider ist damit auch das Interesse des Kindes verflogen, sich mit irgend etwas zu beschäftigen.
Es sitzt nur noch da und nuckelt an der Flasche, ist ruhiggestellt, abgelenkt.
Schlimm daran: es hat seine beiden Hände für nichts anderes frei, es muß ja die Flasche halten. Kreativität und Freude am Spielen fallen flach.
Die Teeflasche ist zum Beschäftigungsersatz geworden.

Und es gibt noch drei wichtige Gründe, die gegen den Dauereinsatz der Teeflasche sprechen.

Zum einen wollen viele Kinder, die die Flasche gewöhnt sind, lange Zeit nicht aus der Tasse trinken.

Zum anderen ist es für die Zähne schlecht, wenn sie ständig von Tees, Milch oder Säften umspült werden.

Und schließlich muß man sich fragen, ob es gut ist, wenn wir unseren Kindern beibringen, bei jeder Art von Langeweile, Streß oder Kummer zur Flasche zu greifen.

Plötzlich schläft unser Kind nicht mehr durch

„Die ersten fünf Monate schlief mein Kind jede Nacht durch, dann war plötzlich Schluß damit. Ich probiere alles, was nur möglich ist, um es wieder zum Durchschlafen zu bringen, nichts hilft. Ich bin mit den Nerven total runter. Tagsüber unausgeschlafen und gereizt. Es tut mir leid, aber ich lasse meinen Ärger manchmal schon an meinem Kind aus. Wenn das nicht bald anders wird, weiß ich nicht mehr weiter."

Viele Eltern sind der Meinung, Schlafen sei die leichteste Sache der Welt, Kinder hätten höchstens am Anfang Schwierigkeiten damit. Wenn sie nach einiger Zeit durchschlafen, sei die Sache gelaufen. Sie sind geschockt, wenn ihr Kind dann auf einmal wieder jede Nacht mehrmals aufwacht und heftig weint. Warum das nun plötzlich wieder? Warum gerade unser Kind? Haben wir etwas falsch gemacht, haben wir es verwöhnt, will es

Die rosigen Zeiten, in denen das Baby viele Stunden verschlief, sind vorbei. Das Leben wird spannender, und das Baby wird immer wacher.

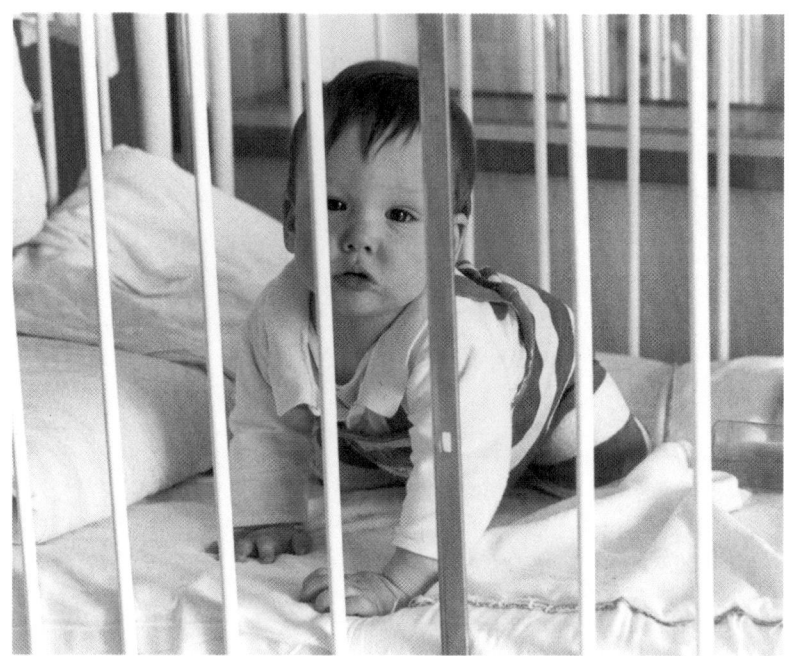

Nachts verarbeitet ein Kind, was am Tag auf es einstürmte. Davon kann der Schlaf unruhig werden, oder das Kind wacht auf und weint.

uns ärgern, will es jetzt schon ausprobieren, wie weit es gehen kann? Ist das noch normal, oder ist unser Kind vielleicht krank? Fragen über Fragen.

Die Eltern sind verunsichert und werden mit der Zeit immer gereizter, nicht nur weil ihnen der Schlaf fehlt.

Verstärkend wirkt zusätzlich, daß allem Anschein nach alle anderen Kinder rundherum wunderbar durchschlafen. Freundinnen, Mütter oder Schwiegermütter behaupten steif und fest: „Bei meinen Kindern kam das nicht vor!" Man vergißt eben leicht, und manche junge Eltern geben nur ungern zu, daß ihr Kind nicht durchschläft.

Dabei leiden fast alle Kinder phasenweise unter Einschlaf- oder Durchschlafschwierigkeiten. Manche wachen bis zu zwanzigmal in einer Nacht weinend auf.

Ein Baby braucht in den ersten Monaten viel Schlaf, es hat noch wenig Wachphasen, aber um die Mitte des ersten Lebensjahres werden die Kleinen aktiver, sie nehmen immer mehr von ihrer Umwelt auf. Sie erleben jetzt viel, das Leben beginnt für sie interessant zu werden. Diese oft geballten Eindrücke müssen sie verarbeiten. Leider geschieht das in der Nacht und verursacht den unruhigen Schlaf. Man nimmt auch an, daß die Kleinen schon mehr oder weniger heftig zu träumen beginnen. Die rosigen Zeiten, in denen ein Baby viel und ruhig schläft, um sich gut entwickeln zu können, die sind vorbei. Die Kinder bleiben immer länger wach.

Jetzt wäre es an der Zeit, daß sie ein Schlafmuster, einen Schlafrhythmus entwickeln.

Es ist also gar kein Rückschritt, wie Eltern dann oft ängstlich befürchten, wenn ihr Kind plötzlich nachts wieder Theater macht

Was tun Eltern dann nicht alles, um ihr schreiendes Bündel zu beruhigen. Sie leiden mit ihm und versuchen in ihrer Hilflosigkeit, alles nur mögliche zu tun, experimentieren drauf los. Sie geben ihrem Kind die Flasche – dabei haben die Kleinen nach dem sechsten Monat nachts nur in Ausnahmefällen Hunger oder Durst. Sie tragen es auf dem Arm herum, bis es eingeschlafen ist – aber kaum liegt es im Bett, wacht es schon wieder auf und weint. Babys haben ein feines Gespür für so einen unerwünschten Wechsel. Manche übermüdete Mutter sitzt nachts Stunden bei ihrem Kind und spielt mit ihm. Kein Wunder, wenn da oft der liebevolle Ton umschlägt, ärgerlich und aggressiv wird.

Im allgemeinen schlafen Kinder etwa nach dem dritten Monat eine ganze Weile durch. Die Schwierigkeiten beginnen nach der Mitte des ersten Lebensjahres. Um den neunten Monat herum, ist der Höhepunkt, zu der Zeit haben über sechzig Prozent der Kinder Schlafstörungen.

Manchmal sind die Nächte hart: beängstigende Träume, Dunkelheit und allein im Bett.

Wenn Eltern aber wissen, daß diese Schlafschwierigkeiten ziemlich normal sind, daß fast alle kleinen Kinder zeitweise darunter leiden, dann fällt es ihnen leichter, die schwierigen Nächte zu überstehen

Den Trick, den Tip, das Rezept, um den nächtlichen Spuk von heute auf morgen abzustellen, gibt es leider nicht. Aber es ist möglich, Verhaltensweisen zu entwickeln, mit denen es gelingt, die unruhigen Nächte besser zu überstehen.

Das Wichtigste ist, daß man den Kindern auch nachts die Sicherheit gibt, daß sie nicht allein sind. Die Nacht an sich ist schon unheimlich für Kinder, die Dunkelheit, die fremden Geräusche und dazu noch die beunruhigenden Träume – da ist es schwer für kleine Kinder, ruhig allein in ihrem Bett zu liegen.

Viele schrecken nachts mehrmals verängstigt auf und weinen. Sie brauchen dann Trost in ihrer Angst.

Aber mit dem Trost ist das eine diffizile Sache. Trost kann nämlich auch viel zu schön sein. Und das hat dann seine Tücken. An einen schönen Trost gewöhnen sich Kinder schnell, sie möchten ihn immer wieder genießen. Deshalb klagen sie ihn dann lauthals ein: „Bitte sofort den schönen Trost!"

Versuche, das Kind zum Schlafen zu bringen, können eine harte Geduldsprobe sein.

- Erster Versuch: die Flasche. Natürlich nuckeln Kinder gerne nachts an der Flasche und schlafen dabei nach einer Weile ein. Aber die Flasche wird schnell zur Gewohnheit, und die Kinder verlangen immer häufiger nach ihr. Eine Weile genügt es, ein oder zweimal die Flasche zu geben, mit der Zeit steigert sich das. Die Mutter ist beschäftigt!

- Zweiter Versuch: Herumtragen. Das Kind wird herumgetragen, schläft auf dem Arm der Mutter ein, aber sobald sie versucht, es in sein Bettchen zurückzulegen, wacht es sofort auf und schreit wieder. Alles beginnt von neuem!

- Dritter Versuch: ins Elternbett holen. Eine wunderbare Methode – vorausgesetzt, alle Beteiligten sind damit zufrieden. Es gibt Eltern, die ihr Kind im Bett nicht stört, die die kuschelige Wärme genießen. Manche Eltern dagegen können nicht schlafen, wenn ihnen ihr Kind so auf die Pelle rückt. Auch die Kinder sind unterschiedlich, manche schlafen ruhig, andere dagegen strampeln die ganze Nacht herum und liegen quer im Bett.
Viele Eltern haben aber auch Angst, ihr Kind nie mehr aus dem Elternbett herauszubekommen. Diese Sorge ist nicht ganz unbegründet, vor dem vierten Geburtstag wird es schwerfallen. Danach gelingt es dann meist mit einigen Hilfen, das Kind wieder an sein eigenes Bett zu gewöhnen. Mit keiner anderen Methode vermittelt man seinem Kind so viel Geborgenheit und Wärme in seinen nächtlichen Bedrängnissen.

- Vierter Versuch: sich zum Kind legen. Manche Ehepaare schlafen getrennt, einer schläft im Kinderzimmer. Am Anfang scheint das eine ganz gute, praktikable Lösung zu sein, auf diese Weise können alle Beteiligten schlafen. Aber so eine Gewohnheit zu beenden, ist erheblich schwerer, als ein Kind aus dem Elternbett zu bekommen.

Es gib Siebenjährige, die noch darauf bestehen, daß ihre Mutter bei ihnen schläft.

● Fünfter Versuch: Schreienlassen. Das ist der häufigste Rat, den Mütter bekommen, wenn sie über Schlafschwierigkeiten ihres Kindes klagen. Sollen wir es nicht doch damit probieren, fragen sich Eltern, wenn gar nichts anderes geholfen hat. In der Tat klappt das auch oft nach einiger Zeit, die Kinder wachen nicht mehr so häufig auf. Aber was da wie ein Erfolg aussieht, ist in Wahrheit eine fragwürdige Sache. Die Kinder schlafen wohl ein, aber nicht geborgen und sicher, sondern aus Erschöpfung vom Weinen. Sie haben resigniert, sie haben gemerkt, da kommt doch keiner mehr. Ich bin hier allein. Es entstehen Verlassenheitsängste.

Besser ist es, wenn nur einigermaßen Platz ist, das Kinderbett neben das Bett der Eltern zu stellen. So kann man nachts von Bett zu Bett, leicht, ruhig, ohne Licht zu machen, trösten ohne aufzustehen. Es passiert nicht viel Tolles, das ist wichtig, denn je mehr passiert, je mehr sich ereignet, um so wacher werden die Kinder.

Ruhig, liebevoll, gleichbleibend, aber nicht zu schön, nicht zu attraktiv soll der Trost sein. Je selbstsicherer Eltern dabei sind, je mehr Ruhe sie ausstrahlen, um so besser, sie geben dem Kind dann mehr Halt.

Es ist natürlich viel interessanter noch ein spätes Spielstündchen zu absolvieren als das Schlafpensum einer langen Nacht.

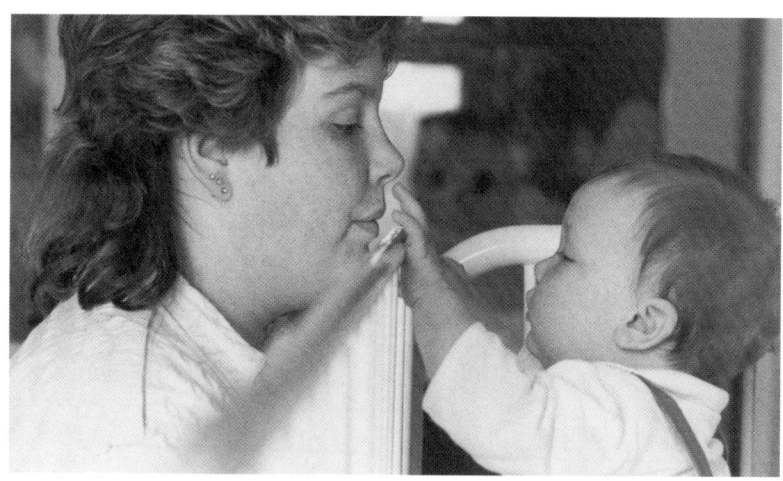

Meisten haben Kinder nicht nur Durchschlafschwierigkeiten, sondern schlafen auch abends schlecht ein

Oft sind sie vom Tag müde, überreizt und quengelig. Da ist es schwer, sie zum Einschlafen zu bringen. Damit das einigermaßen über die Runden geht, ist es wichtig, daß der Tag für die Kinder ruhig ausklingt. Daß kein großer Trubel mehr stattfindet, daß der Streß sich in Grenzen hält. Wenn dann immer das gleiche, beruhigende Einschlafritual eingehalten wird, ist schon viel getan.
Aber trotzdem fällt es vielen Kindern schwer einzuschlafen. Sie haben alle doch mehr oder weniger Angst vor der unheimlichen Nacht und wehren sich gegen den Schlaf.

Mit „Licht aus und Türe zu" klappt das nur selten. Man muß sich schon etwas Zeit nehmen, es kann durchaus eine halbe bis dreiviertel Stunde dauern, bis das Kind eingeschlafen ist

In dieser Zeit sollte man ganz still und ruhig neben dem Bett sitzen. Und was tut man, wenn das Kind dann immer noch nicht schläft und weint? Oder wenn es auf dem Arm herumgetragen werden will? Dann bleibt leider nichts anderes übrig, als das Kind weinen zu lassen, aber bei ihm zu bleiben. Ihm zu signalisieren: Ich versteh dich, ich bleibe bei dir, aber ich nehme dich nicht mehr aus dem Bett. Du mußt es jetzt lernen, in deinem eigenen Bett einzuschlafen. So ein Weinen schadet nicht, weil die Mutter dabei ist, auch wenn es lange dauern sollte.

Mit zwei Jahren können die meisten Kinder aus ihrem Gitterbett heraus, und damit beginnt eine neue Variante des abendlichen Dramas. Die Kleinen kommen immer wieder und wollen sehen, was da im Wohnzimmer noch läuft, so ganz ohne sie. Manchen gelingt es, sich durchzusetzen, sie dürfen auf dem Sofa bleiben bis sie einschlafen – oder bis ihre Eltern müde ins Bett gehen! Dagegen hilft nur, konsequent zu bleiben und das Kind immer wieder zurückzubringen.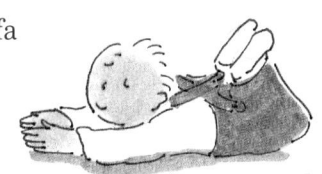
Ruhig, ohne Schimpfen und Palaver.
Und noch eine Frage beschäftigt Eltern besonders: Wann können wir endlich wieder abends weggehen und das Kind allein lassen? Ohne Babysitter gar nicht! Denn selbst Kinder, die sonst zuverlässig nachts durchschlafen, können mal aufwachen und würden in Panik geraten, wenn niemand da ist.

Was nützt Bestrafen?

Strafe muß sein, hieß es früher, das war völlig unbestritten. Ein Kind, das etwas Unerlaubtes oder etwas Falsches getan hatte, mußte seine Strafe dafür bekommen, und zwar aus mehreren Gründen. In erster Linie sollte das Kind durch die Strafe lernen, daß das, was es getan hatte, nicht richtig war. Wenn es versuchte, die volle Kaffeetasse anzufassen, bekam es einen Klaps. Wenn es im Kindergarten nicht brav seine Hände auf den Tisch legte, wie die Erzieherin das angeordnet hatte, kriegte es ein paar auf die Finger. Wenn es in der Schule ein Wort nicht schön sauber zwischen die richtigen Linien gemalt hatte, gab's dafür eine Kopfnuß vom Lehrer. Und wenn es geschwätzt hatte, dann mußte es sich eine Weile in die Ecke stellen oder gar auf ein kantiges Holzscheit knien. Natürlich straften auch früher nicht alle Erzieher pausenlos oder beim kleinsten Anlaß – aber ein Kind mußte doch immer damit rechnen, daß es unversehens eine fing.

Schmerz sollte die Merkfähigkeit steigern: so entstand die Ohrfeige

Dabei taten die Erwachsenen ihren Kindern gewiß nicht in böser Absicht so oft weh. Sie waren lediglich davon überzeugt, daß es der Merkfähigkeit des Kindes dienen würde, wenn man ihm Schmerz zufügt. Sie waren auch davon überzeugt, daß die Kinder aus Furcht vor neuen Schmerzen beim nächsten Mal weniger Fehler machen, sich besser verhalten würden.
Nun ist die Meinung, daß man Kinder durch Strafen, durch Schmerzen beeinflussen kann, nicht gänzlich falsch. Selbstverständlich ist es in vielen Fällen möglich, ein Kind dadurch zum Wohlverhalten zu bringen. Und selbstverständlich kann man einem Kind auch das Einmaleins „einbleuen". Aber mittlerweile weiß man halt auch, daß es viel wirksamere und ungefährlichere Methoden gibt, einem Kind etwas beizubringen. Etwa, indem man es lobt oder auch mal belohnt, wenn es etwas Neues begriffen hat, indem man ihm anerkennend über die Haare streicht, wenn es mal auf ein ruhiges Nein-Nein hin seine Hand von der heißen Kaffeetasse genommen hat. Oder indem man Kinder dazu bringt, sich aus eigenem Antrieb fürs Lesen- und Schreiben-

lernen zu interessieren. Weil man ihnen klar machen konnte,
welche faszinierenden Welten ihnen offenstehen, wenn sie selber
lesen können.
Strafen hatten – und haben – aber auch noch einen anderen
Sinn. Sie sollen die Gerechtigkeit wieder herstellen. Eine böse
Tat, ein Vergehen muß doch gesühnt werden, oder etwa nicht?
Gerät die moralische Ordnung nicht aus den Fugen, wenn sie
ungesühnt bleibt? Früher hatte man auf solche Fragen ganz kla-
re Antworten. Die Mütter von heute sind sich meist nicht mehr
so sicher.

Da ist Andreas, drei Jahre alt. Er hat gerade mit voller Absicht
– man konnte es ihm sehr gut ansehen – während des Früh-
stücks sein volles Milchglas umgestoßen. Warum? Nun, das
Frühstück war an diesem Morgen ziemlich hektisch verlaufen.
Die beiden größeren Geschwister waren mal wieder nicht rechtzeitig mit dem Anziehen fertig geworden. Plötzlich pressierte es
furchtbar, für die Schule und für den Kindergarten. Und dann
fand der Siebenjährige wieder mal sein Turnsäckchen nicht.
Kurzum – alles drehte sich nur um die Großen. Von Andreas

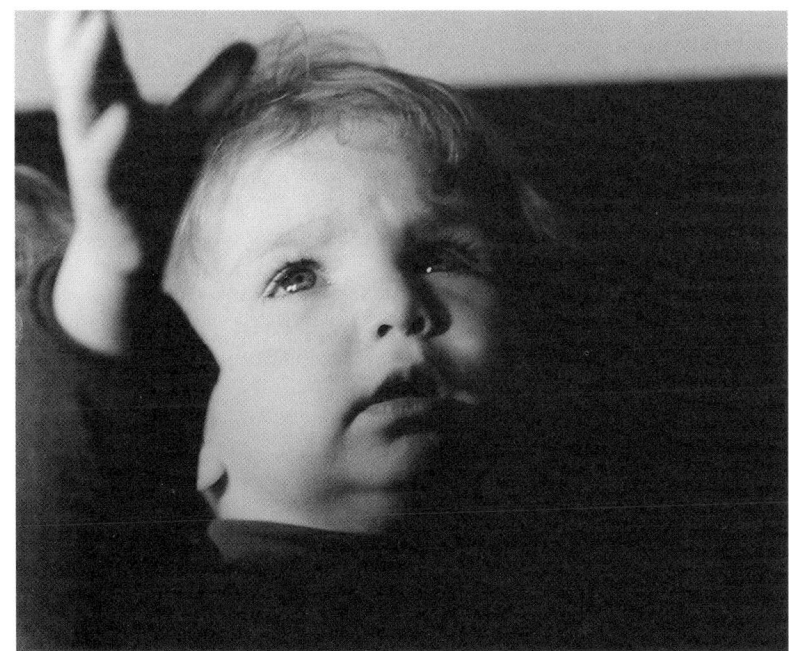

Wenn einem Kind das volle Glas hinfällt, ist es genauso bestürzt wie ein Erwachsener. Der Unterschied ist: Das Kind wird zum Unglück noch ausgeschimpft oder sonstwie bestraft.

Je größer das Kind wird, desto sorgfältiger sollte man Verbote vor dem Aussprechen überlegen. Wer auf strikte Einhaltung überzogener Verbote besteht, läßt sich auf einen Machtkampf ein, den er ohne Gewalt nicht gewinnen kann.

nahm niemand Notiz. Dabei hätte er gerade heute morgen ein paar nette Worte so nötig gehabt. Er war nämlich beim Aufstehen aus Versehen auf das Lego-Auto getreten, das er gestern nachmittag gebaut hatte. Und dann hatte ihm sein Bruder, mit voller Absicht, auch noch die scharfe Erwachsenenzahnpasta auf die Zahnbürste gedrückt. Es brannte noch immer wie Pfeffer in seinem Mund.

Als er sein Milchglas umstieß, hieß das eigentlich nichts anderes als: Verdammt nochmal, sieht denn hier niemand, daß ich auch mein bißchen Zuwendung brauche! Dreht sich hier denn alles immer nur um die anderen?

Seiner Mutter war das alles auch irgendwie klar. Sie hatte das Gesicht von Andreas gesehen in dem Augenblick, als er das Glas zum Kippen brachte, und wußte genau, was in ihm vorging. Aber was sollte sie nun tun? Kann man so eine eindeutige Provokation einfach durchgehen lassen? Verständnis hin, Verständnis her, darf man es zulassen, daß ein Kind mit solchen brachialen Methoden seinen Willen durchsetzt?

Muß man hier nicht strafen?

Genau hier liegt der Punkt, an dem man sich aber auch fragen muß, ob eine Strafe wirklich die richtige Antwort wäre. Was geschieht denn, wenn die Mutter ihren Andreas nun ausschimpft oder wenn sie ihm gar eine runterhaut? Er hätte doch exakt das erreicht, was er erreichen wollte – er würde im Mittelpunkt stehen: Andreas würde heulen, die Mutter würde erst zornig sein und bald ein schlechtes Gewissen haben und Mitleid empfinden – sie würde anfangen, ihn zu trösten.

Irgendwann jedenfalls säße Andreas schluchzend auf ihrem Schoß, und die Mutter würde sagen: „Ist ja schon gut, war ja nicht so bös gemeint. Aber du kannst auch nicht einfach Gläser umwerfen, nur weil dir gerade etwas nicht in den Kram paßt."

Und so hätte Andreas am Ende der Geschichte doch noch ein sehr angenehmes Gefühl. Ob das der Sinn der Strafe war? Und ob ihn diese letztes Endes positive Erfahrung abhalten wird, demnächst wieder volle Milchgläser umzuwerfen? Wohl kaum.

Aber was hätte die Mutter tun sollen? Wahrscheinlich wäre es das beste gewesen, nur kurz zu fragen, was dieser Unfug denn soll und Andreas dann aufzufordern, einen Lappen zu holen, um die Milch aufzuwischen. Dann wäre er erst mal beschäftigt gewesen.

Ein Klaps ist weniger schmerzhaft als das Unterbrechen eines schönen Unfugs.

Ob man einem Kind in einer solchen Situation ein neues Glas Milch geben sollte, wenn es darum bittet, ist noch die Frage. Es spricht einiges dafür, dies zu verweigern.

Wer seine Milch mutwillig umschüttet, bekommt konsequenterweise keine neue. Aber man sollte so etwas auch nicht zu dogmatisch sehen.
Es könnte ja sein, daß die Mutter, wenn die beiden Großen endlich aus dem Haus sind, ihrem Jüngsten doch noch ein frisches Glas Milch holt. Nicht, weil er gequengelt und gebettelt hat – dadurch sollten wir uns nicht erpressen lassen – sondern einfach als großzügige Geste des Verzeihens.

Aber solche Gesten entziehen sich der theoretischen Wertung. Ob sie richtig sind oder falsch, hängt viel zu sehr von der augenblicklichen Situation ab.

Da muß jeder selber entscheiden, was gerade wichtiger ist: Konsequenz zu zeigen oder Großzügigkeit walten zu lassen

Neigt das Kind schon eine Weile zu Provokationen, dann ist möglicherweise Konsequenz die sinnvollere Art der Reaktion. War es dagegen nur ein einmaliger Ausrutscher, dann ist es vielleicht besser, den Vorfall einfach zu vergessen.
Strafen, vor allem dies sollte das Beispiel zeigen, bewirken keineswegs immer das, was wir uns von ihnen erhoffen. Viel zuoft bekommen Kinder gerade durch unsere Strafen das, was sie eigentlich haben wollten: jede Menge Aufmerksamkeit.
Selbst kleine Kinder lassen sich durch Srafen nur selten daran hindern, irgendeinen Unfug, den sie gerade draufhaben, zu unterbrechen. Gerade Kinder im Entdeckeralter, so im zweiten Lebensjahr, nehmen meist einen Klaps auf die Finger mit zusammengebissenen Zähnen hin, wenn man sie etwa von den Schaltern des Elektroherdes wegbringen will. Ein entschlossener, zorniger Blick zur Mama hoch – und schon geht die Hand wieder zum Schalter. Was dann? Am einfachsten ist es in solchen Augenblicken, das Kind kurzerhand aus der Küche zu bringen und für irgendeine andere Beschäftigung zu interessieren.

Dann hilft nur die Hoffnung, daß diese besonders schwierige Zeit, in der Kinder an alles dran müssen, nicht mehr allzulange dauert. Und das Wissen, daß sie um so schneller vorüber geht, je weniger sich Eltern auf Kämpfe einlassen.
Das soll nun gewiß nicht heißen, daß man Kindern alles durchgehen lassen soll. Ein Kind braucht auch die Erfahrung, daß es irgendwo Grenzen gibt. Kinder, die ohne Begrenzung aufwachsen dürfen – besser: aufwachsen müssen –, werden in den meisten Fällen irgendwann höchst unglücklich mit diesem Zustand. Kinder wollen nämlich im Grunde gar nicht, daß sie alles selber bestimmen dürfen, daß alles nach ihrer Pfeife tanzt. Offenbar verunsichert es Kinder sehr, wenn sie feststellen müssen, daß sie sich immer und überall gegenüber den Erwachsenen durchsetzen können. Wahrscheinlich gerät ihr Schutzbedürfnis dadurch in Unordnung. Wie sollen so schwache Erwachsene, die sich von einem kleinen Kind tyrannisieren lassen, in der Lage sein, es zu beschützen?
Gedanken dieser Art sind es wahrscheinlich, die kleine Kinder, die ohne Grenzen aufwachsen, so oft dazu bringen, auf Teufel komm raus zu provozieren. Dabei haben sie letztlich nur den ei-

nen Wunsch: die Erwachsenen sollen ihnen zeigen, daß sie stärker sind als die Kinder.

Kinder brauchen also Grenzen, wollen selber auch Grenzen – nur zu eng sollten sie nicht gesteckt sein

Aber wie macht man das, wie setzt man einem Kind Grenzen? Hier erliegen viele Erwachsene einem durchaus verständlichen Irrtum. Sie glauben nämlich, das sei nur durch Bestrafung möglich, aber gerade das funktioniert nicht, denn die Strafen bewirken ja in vielen Fällen nicht das, was sie bewirken sollen, oft sogar das Gegenteil.

In Wahrheit ist es auch gar nicht immer nötig, ein Kind, das etwas Falsches getan hat, zu bestrafen. Vor allem bei kleinen Kindern ist es viel wichtiger, sie daran zu hindern, den Unfug weiter zu tun. Ein Kind, das ständig an einer Tischdecke zieht, muß man auf irgendeine Art von dieser Tischdecke trennen, wenn Bitten oder Ablenken nicht hilft. Enweder man räumt die Tischdecke weg oder man verläßt mit dem Kind den Raum, oder man setzt es für eine Weile in seinen Laufstall. Das alles kann durchaus in ruhigem Ton geschehen, es muß nicht den Charakter einer Strafe haben. Die Botschaft, die rüberkommen sollte, lautet: Ich mag es nicht, daß du an dieser Tischdecke ziehst, und ich

Nicht für einen Unfug bestrafen, sondern vielmehr verhindern, daß das Kind den Unfug endlos wiederholt. (Notfalls das Wasser abstellen!)

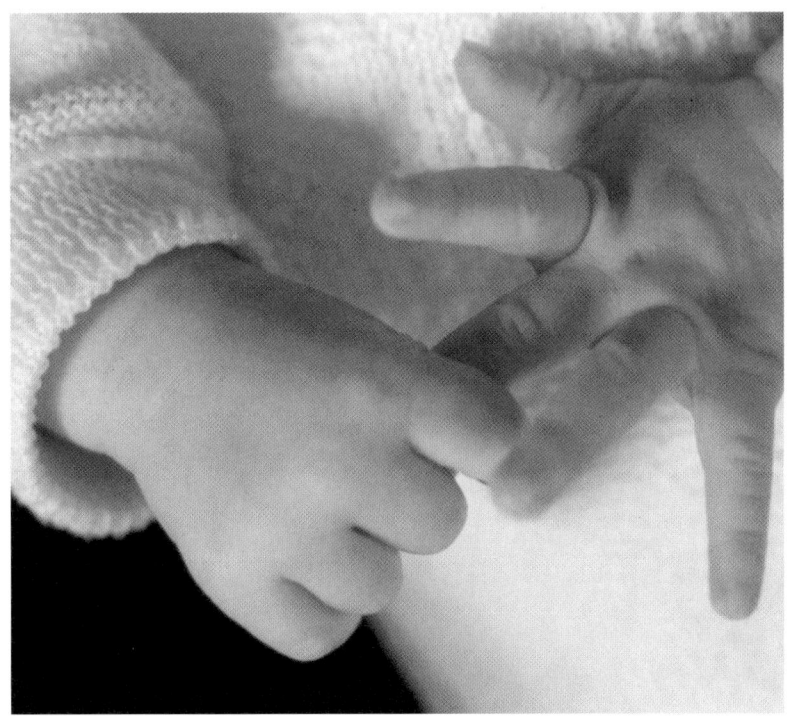

Alle Aufmerksamkeit der Mutter richtet sich auf die Großen. Was soll der Kleine nur tun, damit sich auch um ihn mal jemand kümmert?

weiß sichere Wege, um das zu verhindern. Alles andere ist im Grunde überflüssig. Nur – man muß sich zum Handeln aufraffen! Wer nur redet, erklärt, droht, schimpft oder auch klapst, aber am Ende sein Kind doch wieder an der Tischdecke ziehen läßt, der wird irgendwann Schwierigkeiten bekommen. Einem Kind die Grenzen zu zeigen, heißt in erster Linie, das, was man anordnet oder verbietet, auch durchzusetzen. Möglichst ruhig und möglichst konsequent.

Das bedeutet nicht, daß man ein Verbot, an dessen Sinn man hinterher zweifelt, nicht zurücknehmen dürfte. Aber es bedeutet, daß man sinnvollerweise vorsichtig und zurückhaltend sein sollte mit Anordnungen. Denn allzuoft stellt sich heraus, daß wir viele Dinge gar nicht durchsetzen können – auch wenn wir es gerne möchten. So sind wir beispielsweise nicht in der Lage, ein Kind zum Essen oder zum Schlafen zu zwingen. Wir können es auch – wie schon an anderer Stelle erwähnt – nicht zwingen, etwas in den Topf zu machen. Wer es dennoch versucht, läßt sich auf Kämpfe ein, bei denen er nur verlieren kann.

Register

Literatur

Ballhausen, Ingeborg: Kinderseelen sind verletzlich. Otto Maier Verlag. Ravensburg 1992
Gordon, Thomas: Familienkonferenz in der Praxis. Wie Konflikte mit Kindern gelöst werden. München 1989
Gürtler, Helga: Kinder brauchen feste Regeln. Südwest Verlag. München 1993
Gürtler, Helga: Kleine Haken im Familienalltag. Südwest Verlag. München 1993
Gürtler, Helga: Angsthasen und Wüteriche. Südwest Verlag. München 1993
Strätling, Barthold: Streiten, teilen und vertragen. Südwest Verlag. München1993

Adressen

Deutschland:
Beachten Sie bitte unseren Leserservice. Wir leiten Ihre Anfragen an die jeweiligen Autorinnen und Autoren weiter.
Die Adressen niedergelassener Erziehungsberater/innen vermittelt Ihnen das örtliche Jugendamt. Fragen Sie auch bei Kinderärzten nach. Auch die Wohlfahrtsverbände geben Ihnen Auskunft (örtliches Telefonbuch: Caritas Verband, Diakonisches Werk, Arbeiterwohlfahrt, Deutscher Paritätischer Wohlfahrtsverband).
Selbsthilfegruppen gibt es fast an jedem Ort (siehe örtliches Telefonbuch). Wenn Sie eine zusätzliche Auskunft brauchen: Deutsche Arbeitsgemeinschaft Selbsthilfegruppen, Albracht-Achilles-Straße 65, 10709 Berlin

Österreich:
Institut für Erziehungshilfe, Siebenbrunnenfeldgasse 7, A-1050 Wien, Tel.: 0222/551320, 552751
Familien-Intensivbetreuung des Amts für Jugend und Familie, Linke Wienzeile 182/10, A-1060 Wien, Tel.: 0222/5977004, 5970500
Beratunszentrum für Einzelne, Partner, Familien und Jugendliche, Am Schöpfwerk 29/14, A-1120 Wien, Tel.: 0222/679480
Telefonische Erziehungsauskunft des Amts für Jugend und Familie, Tel.: 0222/3109358 (Mo-Fr 8-11 Uhr)

Schweiz:
Pro Familia Schweiz Suisse Svizzera, Postfach 7572, CH-3001 Bern, Tel.: 031/259030
Landesverband Schweizerischer Kinderfreunde-Organisationen, Sihlmatten 3, CH-8134 Adliswil, Tel.: 01/7107672
terre des hommes schweiz/suisse, Jungstraße 36, CH-4056 Basel, Tel.: 061/3213500
Schweizerischer Verband für erziehungsschwierige Kinder und Jugendliche, Schönbühlstraße 8, CH-8032 Zürich, Tel.: 01/2528622

Hinweis

Bildnachweis

Bavaria: U4/unten, 2 unten (Nelson), 3 unten (Nelson), 13 (Malyszko), 15, 83 (Tilley); Foto Anger: 9, 28, 30, 33, 39, 75, 80, 82, 86; G.P.A.: U4/oben, U4/klein (Amon), 10 (Vogt), 24, 27 (Nischke), 44, 50, 66 (Peisl), 68, 93; LOOK: 21 (Müller), 22 (Müller), 94 (Raach); Paxmann: U1/klein, 34; Rehm: 2 oben, 3 oben; Smollich: U1, 5, 8, 14, 19, 37, 43, 47, 49, 56, 62, 70; The Image Bank: 1 (Tourdjman), 59 (Lewin), 67 (Lozuot), 76 (Tourdjman); Wegmann: 3; Willem: 70; Zeidler: 6, 12, 17, 18, 23, 40, 41, 52, 53, 57, 72, 89, 9o

Impressum

© 1993 by Südwest Verlag GMbH & Co. KG, München
3. Auflage 1995
Alle Rechte vorbehalten

Redaktion: Christel Hofmann
Umschlag und Layout: Christine Paxmann, München
DTP/Satz: Tabularasa, München
Druck: Karl Wenschow GmbH, München
Bindung; Conzella, Pfarrkirchen
Printed in Germany

Gedruckt auf chlor- und säurefreiem Papier

ISBN 3-517-01378-1